戦争をしない国

明仁天皇メッセージ

［文］
矢部宏治
［写真］
須田慎太郎

小学館

はじめに

みなさん、こんにちは。矢部宏治です。

突然ですが「偉い人」って、いったいどんな人でしょう。

頭がいい、社会的地位が高い、お金をもっている、家柄が良い、たくさん人を使っている……。

いろいろあると思います。でも私は長年、本の編集という仕事をしてきたからでしょうか。少し違った見方をしています。

ちょっとだけ想像してみてください。アメリカ大統領と連続殺人犯が、本屋の店頭でとなりに並んでガチンコの勝負をする。それが単行本の世界です。たとえていうと、どんな選手もトランクスひとつでリングにあがるボクシングと同じ。肩書きはまったく関係がない。そこで問われているのは、ただただパンチの強さ、つまりメッセージのもつ輝きだけなのです。

人間はときに、神のように素晴らしい行動もするが、ケモノに劣るようなふるまいもする。どちらを描いた作品にも、多くの名作が存在します。

けれどもそこにはひとつだけ共通した真実がある。それはどんな立場や視点からの作品であれ、読者の心を打つようなすぐれたメッセージは、必ず大きな苦悩の中から生みだされたものだという事実です。

深い闇を体験し、その中でもがき苦しんだものだけが、長い思索ののち、光のような言葉をつむぎ出すことができる。そのプロセスに例外はない。そうした境地に到達できた人を、私は「偉い人」だと思っています。


本書の主人公である明仁天皇は、まさにこれまで、そういう人生を歩んでこられた方でした。

「深い闇」とか、「もがき苦しむ」というと、

「いまの天皇のイメージには合わないな」

と、おっしゃる方も多いかもしれません。

しかし、そうではないのです。これからお読みいただくように、実は現在の日本で、明仁天皇と美智子皇后ほど大きな闇を体験し、その中でもがき、苦しみ、深い思索を重ねた方は珍しいのではないかと私は思っています。


戦後70年がたち、いま日本は大変な曲がり角に立っています。

そうした時代のただなかにあって、象徴天皇という大きな制約のもと、折にふれて発信される明仁天皇の考え抜かれたメッセージ。

その根底にあるのは、

「平和国家・日本」

という強い思いです。

ただしそれは何かの信仰のように、心のなかで願っていればそれでかなうというものではない。ときには我が身を危険にさらしながら、日々くり返される大変な努力の果てに、ようやく実現されるものだということを、それらのメッセージは教えてくれています。

そうした長期におよぶ思索と、大変な自己犠牲の中からつむぎだされた「光もつ言葉」の数々を、ひとりでも多くのみなさまに知っていただければと思います。

＊本書の売り上げの10％は、株式会社カタログハウスの「ひらた中央病院支援事業」などを中心とした福島の子どもたちの無料甲状腺検査や保養支援に使われます。
＊引用中の〔　〕内は、著者が補った言葉です。また引用中、一部、漢字やカタカナをひらがなで表記した箇所があります。
＊〈　〉内は引用ではなく、要約または強調です。

目次

I

I shall be Emperor.

"I shall be Emperor."

「普通の日本人だった経験がないので、
何になりたいと考えたことは一度もありません。
皇室以外の道を選べると思ったことはありません」

皇居（二重橋の街灯と伏見櫓《ふしみやぐら》）

みなさんは、ご自分が15歳だった春のことを、おぼえているでしょうか。「勉強やクラブ活動が大変だった」という方もいるでしょうし、「恋愛で頭がいっぱいだった」という方もいるかもしれません。

いずれにせよ、新しい世界の訪れを前に、期待と不安に胸をふくらませていたのではないでしょうか。まだ何者でもなく、けれども何にでもなれそうな自信をどこかに秘めた、人生でもっとも不安定な、だからこそ希望に満ちた季節。

ところが前ページの言葉を見てください。

“I shall be Emperor.”〔私は必ず天皇になります〕

これは明仁天皇が15歳の春（1949年4月）、学習院高等科の最初の英語の授業で、「将来、何になりたいかを書きなさい」という課題に対して英語で書いた回答です。

この言葉の真意を明仁天皇はそれから40年近くたったのち、次のように説明されています。

「普通の日本人だった経験がないので、何になりたいと考えたことは一度もありません。皇室以外の道を選べると思ったことはありません」（1987年9月／即位の1年4カ月前、アメリカの報道機関からの質問に対する文書での回答／英文）

だれもが無限の可能性をもつ15の春に、自分だけは「職業を選ぶ自由」がないことをよくわかっていた。理由は〈自分は普通の日本人ではなかった〉から。それは日本の少年としてはただひとり経験する、孤独な環境だったといえるでしょう。

明仁天皇の原風景として語られるシーンに、敗戦直後、疎開先の日光から戻ってきたときに見た、焼け野原になった東京の町があるといわれます（1945年11月）。もちろんその衝撃は大きかったでしょうが、それは多かれ少なかれ、ほかの少年たちも経験した出来事でした。

重要なのは、その焼け野原になった日本という国の復興が、自分の肩にかかっていると、そのとき11歳の少年が本気で思い定めていたということです。

「いまは日本のどん底です。（略）これからは苦しいこと、辛いことがどのくらいあるかわかりません。どんなに苦しくなっても、このどん底からはい上がらなければなりません。（略）つぎの世を背負って新日本建設に進まなければなりません。それもみな、私の双肩にかかっているのです」（1945年8月15日の作文）

そうやって自分の運命を早くから受け入れていた明仁皇太子ですが、天皇という「職業」については、戦後の新しい憲法のもと、根本的に改革する意志をもっていたようです。事実、それから10年以上のときがたち、25歳で美智子妃と結婚する直前には、

「ぼくは天皇職業制をなんとか実現したい。（略）毎日朝10時から夕方の6時までは天皇としての事務をとる。（略）そのあとは家庭人としての幸福をつかむんだ」

「ぼくは皇居内に住みたくない。皇居はなるべく早く開放して、大衆向きの公園に使ってほしい。（略）天皇になっても、ぼくは街の中に住む」

「ぼくは皇居内に住みたくない。皇居はなるべく早く開放して、大衆向きの公園に使ってほしい。（略）天皇になっても、ぼくは街の中に住む」

――結婚直前の友人の証言

皇居（千鳥ヶ淵）

と、親しい友人に対して語っていたと報道されています。（昭和34年〔1959年〕4月6日、結婚式の4日前の「東京タイムズ」）

実はおふたりが結婚された1959年の翌年1月には、皇居東側の「東御苑《ひがしぎょえん》」が一般に開放されることが閣議で決定されています（実際の一般公開は1968年から）。いつの日か、自分が即位するまでには、皇居全体を市民に開放したいと明仁皇太子が考えたとしても、けっしておかしくないような現実の状況があったわけです。

けれどもその後の半世紀におよぶ歴史を振りかえってみると、美智子妃という最良のパートナーを得て、「家庭人としての幸福をつかむ」ことには見事に成功された明仁天皇でしたが、もうひとつの、

〈皇居は国民に開放して公園にし、自分は天皇になっても街中《まちなか》に住んで、そこから「職場」に通いたい。そして勤務時間外は普通の人間としてすごしたい〉

という希望は、ついにかなえられることがありませんでした。

テレビには、よく天皇皇后のおふたりが、35万坪ある広大な皇居の中を散歩されている様子が映し出されています。なかでも住居である御所《ごしょ》をかこむ皇居の西側（吹上《ふきあげ》御苑）は、東京の都心部ではすでに消滅した、野生を残す森林地帯になっているのです。そこをふたりで歩きながら、いっしょにツクシをつみ、それをおひたしにしようか、炊き込み御飯にしようかなどと話しあわれる姿は、本当にほほえましい。

皇居全体図

けれどもよく考えてみると、その広大な「住居」から外の世界に引っ越す自由を、おふたりは事実上、もっていないのです。どんな庶民でももっている「住居を選ぶ自由」も「職業を選ぶ自由」も「退職する自由」も「言論の自由」もない。選挙権もない。

「私どもは、やはり私人として過ごすときにも、自分たちの立場を完全に離れることはできません」（平成13年（2001年）12月18日／68歳の誕生日会見）

それがどれほど精神的なストレスを生む過酷な生活か、だれにでもすぐに想像できるのではないでしょうか。

明仁天皇は結婚50年の記者会見で、美智子皇后について、「何事も静かに受け入れ」「よく耐えてくれたと思います」とのべられています。あるいはそこには〈天皇になっても皇居には住まない〉という、はたせなかった約束への謝罪も含まれているのかもしれません。

もっとも高いとされる地位にありながら、もっとも人権が守られない世界に住み、被災地へのお見舞いや、国事行為などの公務を日々くり返される明仁天皇と美智子皇后。

〈矛盾に満ちた世界にあって、それでもなお、自分の持ち場で最善をつくすこと〉

それこそが人生においてなにより大切だということを、おふたりはいつもその行動で私たちに教えてくれているような気がします。

年毎《としごと》に
東京の空
暖かく
紅葉葉《もみぢば》赤く
暮れに残れり

——平成25年［2013年］／題「皇居にて」

皇居内・乾通《いぬいどお》りの紅葉

前ページの歌の背景にうつっているのは、2014年に明仁天皇の傘寿《さんじゅ》（80歳）を記念して一般公開された、皇居内・乾通り《いぬいどおり》の色鮮やかな紅葉《もみじ》の風景です。

この年、春と秋の二度、公開され、70万以上の人びとが皇居内の自然を楽しみました。公式にはこの一般公開は、春も秋も明仁天皇の傘寿を記念したものとされていますが、秋の紅葉の時期の公開が、その直前にやはり傘寿を迎えられた美智子皇后の誕生日（10月20日）を記念する意味合いをもっていたことは、だれもがよくわかっていたようです。

その傘寿の誕生日について、これから明仁天皇のメッセージをたどるにあたり、どうしてもひとつ、避けて通れない問題があります。まず、この誕生日に合わせて文書で出された美智子皇后の「お言葉」の、次の部分を読んでみてください。

「私は、いまも終戦後のある日、ラジオを通し、A級戦犯に対する判決の言い渡しを聞いたときの強い恐怖を忘れることができません。まだ中学生で、戦争から敗戦にいたる事情や経緯につき、知るところは少なく、したがってそのときの感情は、戦犯個人個人への憎しみなどであろうはずはなく、おそらくは国と国民という、個人を越えたところのものに責任を負う立場があるということに対する、身の震《ふる》うような怖《おそ》れであったのだと思います」
（平成26年〔2014年〕10月20日）

なぜ美智子皇后は、おめでたいはずの傘寿の誕生日に、こうした「A級戦犯に対する判決の言い渡し」や、中学生だった自分がそれを聞いたときの「体が震えるような怖れ」についいて、あえてふれなければならなかったのか。

おそらくそれは、その直後に明仁皇太子が味わった自分とは比べものにならないほどの恐怖、1歳年上の、やはり中学生だった皇太子が味わった正真正銘の恐怖と衝撃に、遠く思いをはせてのことだったのでしょう。その重荷をおふたりは半世紀以上にわたって、ひそかに共有されてきたのだと思います。

当時14歳だった正田《しょうだ》美智子さんがラジオで聞いて「強い恐怖」を感じたA級戦犯への判決は、昭和23年（1948年）11月12日に言い渡されています。

そのとき絞首刑を宣告された7人が、実際に処刑されたのは翌月の12月23日。

その日は明仁皇太子の15歳の誕生日だったのです。

もちろん、それは偶然ではありません。なぜなら裁判の始まり、つまり東京裁判でA級戦犯たちが起訴されたのは、その2年8カ月前の昭和21年（1946年）4月29日、昭和天皇の誕生日だったからです。

そこには、あきらかに占領軍のメッセージがこめられていました。

「この裁判と処刑が何を意味するか、天皇とその後継者である皇太子は、絶対に忘れてはならない」

7人が処刑された1948年には、すでにドイツをはじめ、イタリア、ハンガリー、ブルガリア、ルーマニアなど、ヨーロッパの敗戦国（枢軸国《すうじくこく》）の王室はすべて廃止されていました。

日本にだけ王室が残されたことの意味を、自分はどう考えればよいのか。

おそらく明仁天皇は、その後、自分の誕生日を爽やかな気持ちで迎えられたことは一度もなかったでしょう。それはひとりの中学生が背負わされるには、あまりに重い精神的な

外国《とつくに》の
旅より帰る
日の本の
空赤くして
富士の峯《みね》立つ

——平成5年〔1993年〕／歌会始《うたかいはじめ》／題「空」

東京の都心から見た富士山

十字架でした。

先ほどご紹介した“I shall be Emperor.”という回答を、明仁皇太子が学習院の授業で書いたのは、それからわずか4カ月後のことです。そしてこのあとの10年、美智子妃と結婚するまでの青年時代の明仁皇太子には、「孤独の皇太子」というイメージが長くつきまとうことになります。

日本とは何か、敗戦とは何か、占領軍とは、憲法とは、戦争責任とは、そして新しい時代の天皇制とは……。

この15歳の誕生日に受けた衝撃が、明仁天皇の長い長い、まもなく70年におよぼうとする「思索の旅」の根底に、つねにあったのだと思います。

そしてその思索にはもちろん、父である昭和天皇の戦争責任についての検証と、そうした問題を自分はいかにして克服し、過ちをくり返さないようにするべきかという、大きな心の葛藤《かっとう》も含まれていたことでしょう。

その心の旅が長い手探りの時代を終え、ひとつの形をとり始めるきっかけとなったのは、東京からはるか遠く離れた島、沖縄との衝撃的な出会いだったのです。

II

慰霊の旅・沖縄

謹供
(財)沖縄県遺族連合会

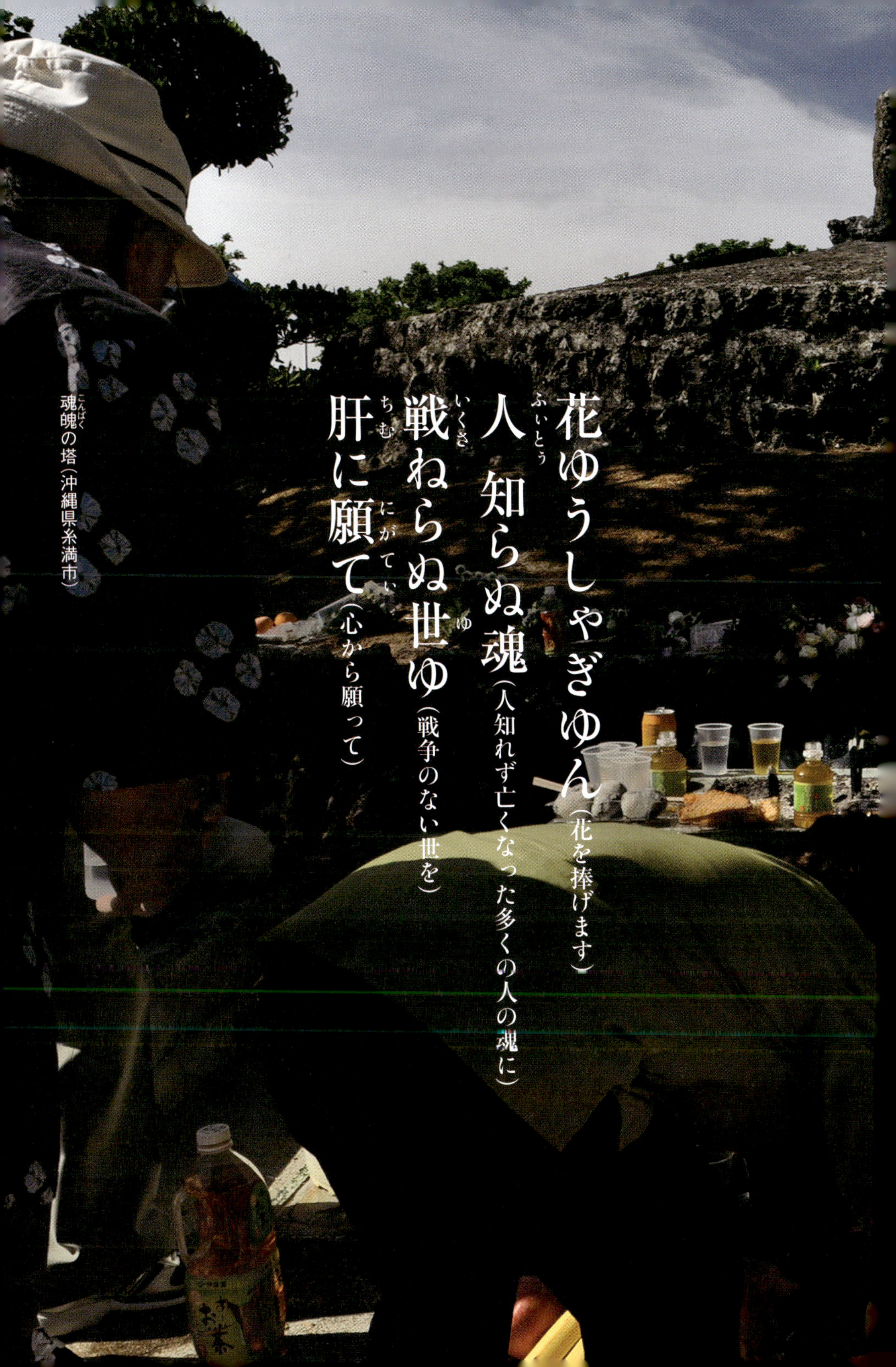

花ゆうしゃぎゆん（花を捧げます）
人《ふぃいとぅ》知らぬ魂（人知れず亡くなった多くの人の魂に）
戦《いくさ》ねらぬ世《ゆ》ゆ（戦争のない世を）
肝《ちむ》に願て《にがてぃ》（心から願って）

魂魄《こんぱく》の塔（沖縄県糸満市）

1960年生まれの私にとって、つい最近までの「戦後日本」という国は、豊かで貧富の差のあまりない、なにより戦争にはいっさい関わらない「かなり良い国」だったと思います。

しかしその一方で、そうした思いを口にするとき、心に強い痛みを感じることも事実です。

沖縄の問題があるからです。

その「沖縄」という戦後日本最大の問題で、かつ巨大な矛盾に、生涯をかけて向き合ってきたのが明仁天皇だということを、はたしてどれくらいの日本人が知っているでしょうか。

私自身、偉そうなことはいえません。わずか4年前、50歳を過ぎるまで、まったく知らなかったからです。教えてくれたのは、沖縄で知り合った尊敬する友人でした。

「沖縄では、昭和天皇に対する批判はいまでも非常に強いけど、いまの天皇に対しては、それとは違う感情をもっている。というのも明仁天皇は、沖縄にしょっちゅう来て戦没者を慰霊してるんだけど、そのとき『琉歌《りゅうか》』という沖縄の形式で歌をよんだりするんだよ」

といわれたのです。

そんなことはまったく知りませんでした。だいたい「琉歌」って何なんだ?

そのとき教えてもらったのが、前ページの歌です。ただしこれは明仁天皇が「沖縄の言葉《うちなーぐち》」でよまれた歌の音を文字に写したもので、正式な作品は左のとおりです。文字の表記と音が違っているのでややこしいのですが、実際によむときはルビの通りよみます。ちなみに和歌は五七五七七ですが、琉歌は八八八五でよむ琉球王朝以来の伝統的な歌の形式なのです。

花よおしやげゆん《ゆうしゃぎゅん》　(花を捧げます)
人《ふぃとぅ》　知らぬ魂　(人知れず亡くなった多くの人の魂に)
戦《いくさ》　ないらぬ世よ《ねらぬゆゆ》　(戦争のない世を)
肝《ちむ》に願て《にがてぃ》　(心から願って)

この歌は写真の中央上にうつっている、沖縄戦の最激戦地に建てられた「魂魄《こんぱく》の塔」についてよまれたものです。魂魄の塔とは、住民、軍人、日本人、アメリカ人の区別なく、3万5000人もの身元不明者の遺骨を収めた沖縄で最初の慰霊碑なのです。

くわしくはこのあと、ご説明していきますが、少し大げさにいえば、この魂魄の塔をうたった右の歌には、戦後日本のめざすべき国の姿と、象徴天皇制のあるべき姿が、ほとんどすべて凝縮されているといってよいでしょう。

なかでも「花を捧げます《はなゆうしゃぎゅん》。人知れず亡くなった多くの人の魂に《ふぃとぅしらぬたましぃ》」という最初の2行は、実際に沖縄を訪れ、生身の現実に真正面から向きあわなければ、絶対に生まれなかった表現だと思います。

その現実とは1975年、当時41歳だった明仁皇太子が初めて沖縄を訪問したときに起きた「ひめゆりの塔事件」という大事件だったのです。

ひめゆりの塔と慰霊碑と洞穴の入口
（沖縄県糸満市）

「石ぐらい投げられてもいい。
そうしたことに恐れず、
県民のなかに入っていきたい」

1975年（昭和50年）7月17日、明仁皇太子は沖縄海洋博[*1]の開会式出席のため、美智子妃とともに那覇空港に到着しました。

当日の天候は晴れ、気温は30度。肌がヒリヒリするような強烈な日差しの中、皇太子ご夫妻は、午後0時40分に空港を出発し、車で沖縄本島の最南端へ向かいました。「ひめゆりの塔」[*2]を始めとする沖縄戦の南部戦跡をめぐり、慰霊の祈りをささげるためでした。

「石ぐらい投げられてもいい。そうしたことに恐れず、県民のなかに入っていきたい」

沖縄訪問直前、周囲にそう語っていた明仁皇太子ですが、この日、皇太子をめがけて投げられたのは「石ぐらい」ではすみませんでした。

この明仁皇太子の沖縄訪問は、本土から2400人の機動隊員が派遣される厳戒態勢の中で行なわれたものでした。敗戦直後の1946年から始まった昭和天皇の各県訪問（巡幸《じゅんこう》）は、1954年の北海道までつづきましたが、沖縄だけはどうしても入ることができませんでした。その沖縄を、皇太子が天皇に代わって訪れる。非常に緊迫した空気が流れていたのです。

天皇に対する沖縄の怒りは、「沖縄が本土防衛のための捨て石にされた」ということにつきるでしょう。1945年4月1日、米軍はいまの嘉手納《かでな》基地がある中部西側の海岸に、「足もぬらさず」「まるでピクニックのように」上陸し、まず沖縄本島を南北に分断して、背後（北側）の脅威をなくしたあと、那覇や首里《しゅり》のある南部に向かって侵攻していきました。

米軍の上陸時に日本軍が攻撃しなかったのは、相手をわざと島の内部に誘いこんで全滅

＊1―この3年前、1972年5月15日に実現した沖縄県の本土復帰（施政権返還）の記念事業として計画された博覧会でした。

＊2―沖縄戦の直前、陸軍病院に看護要員として動員され、その後、南部戦線に従軍して戦死した「ひめゆり学徒隊」の女子学生たちの慰霊碑。「ひめゆり」という名称は、彼女たちの母校である沖縄県立第一高等女学校と沖縄師範学校女子部の広報誌が、それぞれ『乙姫』と『白百合』という名前だったことによります。

（玉砕《ぎょくさい》）するまで戦い、本土決戦までの時間を稼《かせ》ぐという「出血持久戦《しゅっけつじきゅうせん》」が選択されていたからでした。パラオや硫黄島では住民たちを退避させたあと行なわれ、それでも「この世の地獄」を生みだしたその同じ戦法が、60万もの人びとが暮らす沖縄で展開されることになったのです。

その結果、多くの住民をまきこむ悲惨な沖縄戦が行なわれ、9万4000人もの民間人と、有名な「ひめゆり学徒隊」など、軍の補助要員となった多くの元民間人が犠牲になりました。*3 自分たちだけが米軍の攻撃への盾《たて》とされたという沖縄県民の怒りは、戦後、沖縄を米軍統治下に残したままでの「独立」という二度目の裏切りによって、さらに高まっていたのです。

午後1時5分、那覇空港から南部の戦跡に向かう皇太子の車列が、かつてもっとも悲惨な戦いが展開された本島最南端の糸満市に入って数分後のことでした。左手に立つ白銀《はくぎん》病院の3階から、10数本のガラス瓶やスパナ、石などが車列に投げつけられ、後続の警察車両を直撃したのです。幸い皇太子ご夫妻の車には何も当たらず、病院に偽装入院して犯行におよんだ過激派の活動家ふたりも、そのあとすぐに逮捕されました。

午後1時19分、一行は、ひめゆりの塔に到着します。そして、皇太子ご夫妻がひめゆり記念会会長の源《みなもと》ゆき子氏から塔の前で説明を受けていた午後1時23分、塔の横に大きく口をあけた洞穴*4から這い出してきた沖縄解放同盟の活動家、知念功が、皇太子ご夫妻の前方数メートルの場所に火炎ビンを投げつけたのです。献花台の手前の柵にあたって炎上した炎は、一瞬高く燃え上がり、明仁皇太子と美智子妃の足元まで流れていきました。

*3—軍人を入れた日本側の総戦死者数は18万8000人、米軍側は1万2500人でした。

*4—この洞穴は、首里の司令部の撤退にともない、南部へ従軍した陸軍病院関係者が分散して潜《ひそ》んだ自然《しぜん》壕《ごう》（ガマ）のひとつ（伊原第三外科壕）。他の外科壕などとあわせて、動員された「ひめゆり学徒隊」の生徒123人が戦死しました。

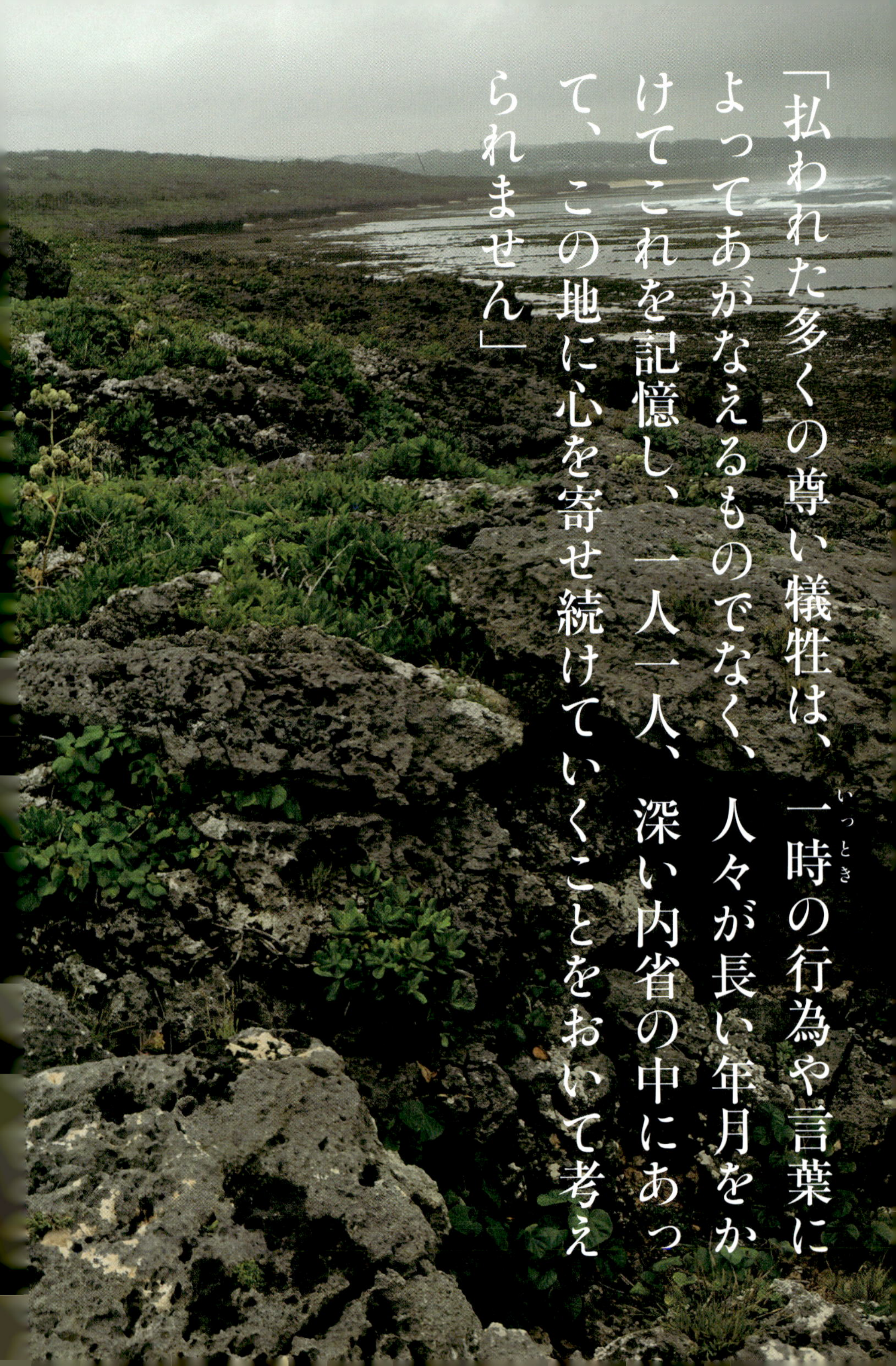

「払われた多くの尊い犠牲は、一時《いっとき》の行為や言葉によってあがなえるものでなく、人々が長い年月をかけてこれを記憶し、一人一人、深い内省の中にあって、この地に心を寄せ続けていくことをおいて考えられません」

ひめゆりの女子学生9人と引率教師1人が自決した荒崎海岸（沖縄県糸満市）

「過去に、多くの苦難を経験しながらも、常に平和を願望し続けてきた沖縄が、さきの大戦で、わが国では唯一の住民を巻き込む戦場と化し、幾多の悲惨な犠牲を払い今日にいたったことは、忘れることのできない大きな不幸であり、犠牲者や遺族の方々のことを思うとき、悲しみと痛恨の思いにひたされます。（略）

払われた多くの尊い犠牲は、一時《いっとき》の行為や言葉によってあがなえるものでなく、人々が長い年月をかけてこれを記憶し、一人一人、深い内省の中にあって、この地に心を寄せ続けていくことをおいて考えられません」

——昭和50年（1975年）7月17日／文書による「談話」

＊1—その後、金城氏は夫人と共に、娘たちが命を落とした26ページの洞穴をさがしだし、そこに「ひめゆりの塔」を建立しました。さらに夫妻は、男子学徒の慰霊碑である「健児《けんじ》の塔」も建立し、その後沖縄には、300を超すさまざまな慰霊碑が建てられていきました。

ひめゆりの塔の前で火炎ビンを投げられ、現場は大混乱におちいりましたが、それでも明仁皇太子はスケジュールを変えず、煙を大量に吸いこんだ服も着替えず、2キロほど離れた海岸近くにある次の慰霊の地へ向かいました。それが、23ページの琉歌でうたわれた「魂魄《こんぱく》の塔」だったのです。

沖縄戦の最激戦地に建つ、3万5000人の遺骨を収容したこの塔の建立者は、大切なふたりの娘を「ひめゆり学徒隊」で失った金城和信《きんじょうわしん》氏でした。金城氏は戦後、遺骨の収集や慰霊は反米的な抵抗活動を生み出しかねないとして、きびしく禁止していた米軍当局を命がけで説得し、軍人も民間人も、日本兵もアメリカ兵も分けへだてなく、身元不明の戦死者すべての遺骨を収集した、この沖縄で最初の慰霊碑を建立したのです。＊1

「ひめゆりの塔事件」当日の関連地図

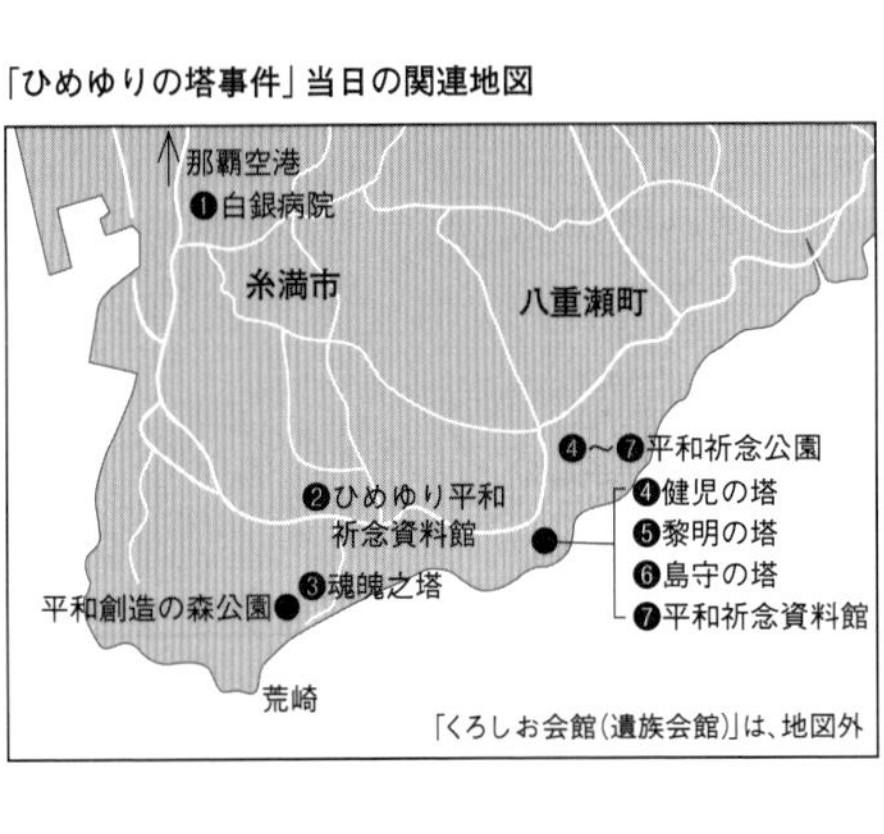

この長い一日[*2]がようやく終わろうとする午後10時、右の「談話」が報道陣に文書で配られました。これから自分は国民と共に長い年月をかけて、沖縄が過去に払った尊い犠牲に対し、記憶しつづけ、考えつづけ、心を寄せつづけることを約束しますという、皇太子の明確なメッセージでした。

一方、壕《ごう》のなかに1週間ひそみ、皇太子ご夫妻に火炎ビンをなげつけた知念功と、もうひとりの小林貢（共産同・戦旗派）ですが、彼らも皇太子を傷つけるようなテロ行為が目的ではなく、昭和天皇や日本政府の戦争責任を問うことが目的だったと著書に書いています。事実、火炎ビンも明仁皇太子と美智子妃に当たらないよう、数メートル離れた場所に投げつけています。

この皇太子の沖縄訪問の警備責任者で、事件の2週間後、責任を問われて警察庁警備課長を解任された佐々淳行《さっさあつゆき》氏は、事件の翌日、沖縄県に住む有識者300人（議員、県庁幹部、マスコミ幹部、大学教授、経済団体幹部など）に対し、緊急世論調査を実施しています。

その結果を簡単にまとめると、人びとの感想は、①長い間モヤモヤしていたものが、あの一発でふっきれた、②皇太子ご夫妻に当たらなくてよかった、③過激派はイヤだ、④皇太子ご夫妻には好感を抱いた、というものだったそうです。（『菊の御紋章と火炎ビン』佐々淳行／文藝春秋）

決して「やらせ」というわけではなく、結果として「無意識の共同作業」が行なわれ、沖縄と本土が関係を修復する糸口が作られたことになります。本当の政治というのは、無数の人びとの思いや激情が交錯するなか、こうしてぎりぎりの着地点を求め、そこに一瞬だけ収《しゅう》斂《れん》し、またふたたび次の着地点を求めて飛び去っていく。そういうものなのかもしれません。

＊2―「魂魄の塔」での拝礼のあと、明仁皇太子と美智子妃は、沖縄戦の最後の司令部があった摩文仁《まぶに》の丘に向かい、夕方からは那覇市内の「くろしお会館（遺族会館）」で遺族代表約200人とお会いになりました。

この日の体験をよんだもう一首の琉歌「摩文仁」は、毎年6月23日（慰霊の日）に行なわれる沖縄全戦没者追悼式の前夜祭（22日）で演奏されています。

「ふさかいゆる　木草《きくさ》めぐる　戦跡《いくさあと》　くり返《かい》し返《がい》し　思《うむ》ひかけて《かきてぃ》」（深く生い茂る　木草のあいだをめぐった　戦争の跡に　何度も何度も　思いをはせながら）

沖縄の
いくさに失せし
人の名を
あまねく刻み
碑は並《な》み立てり

——平成7年（1995年）／題「平和の礎《いしじ》」

平和の礎《いしじ》(沖縄県糸満市)

「即位後、早い機会に沖縄県を訪れたいという念願がかない、今日から4日間を沖縄県で過ごすことになりました。到着後、国立戦没者墓苑に詣《もう》で、多くの亡くなった人々をしのび、遺族の深い悲しみに思いを致しています。

先の戦争では実に多くの命が失われました。なかでも沖縄県が戦場となり、住民を巻き込む地上戦が行われ、20万の人々が犠牲となったことに対し、言葉に尽くせぬものを感じます。ここに、深く哀悼の意を表したいと思います。

戦後も沖縄の人々の歩んだ道は、厳しいものがあったと察せられます。そのような中で、それぞれの痛みを持ちつつ、郷土の復興に立ち上がり、今日の沖縄を築き上げたことを深くねぎらいたいと思います。

今、世界は、平和を望みつつも、いまだに戦争を過去のものにするに至っておりません。平和を保っていくためには、一人一人の平和への希求とそのために努力を払っていくことを、日々積み重ねていくことが必要と思います。（略）

遺族の皆さん、どうかくれぐれも健康に留意され、元気に過ごされるよう願っています」

――平成5年（1993年）4月23日／沖縄県における特別ご挨拶／沖縄平和祈念堂

昭和50年（1975年）7月　沖縄国際海洋博覧会開会式
昭和51年（1976年）1月　同博覧会閉会式
昭和58年（1983年）7月　第19回献血運動推進全国大会

昭和62年（1987年）10月　第42回国民体育大会
11月　第23回全国身障者スポーツ大会
平成5年（1993年）4月　第44回全国植樹祭
平成7年（1995年）8月　戦後50年「慰霊の旅」
平成16年（2004年）1月　国立劇場おきなわ開場記念公演
平成24年（2012年）11月　第32回全国豊かな海づくり大会
平成26年（2014年）6月　「対馬丸《つしままる》」の犠牲者の慰霊

右の一覧のように、明仁天皇と美智子皇后はこれまで、皇太子時代に5回、天皇時代に5回の計10回、沖縄を訪問されています。

最初の訪問から4年後の1979年、あの「魂魄の塔」の遺骨は、その年に完成した糸満市摩文仁《まぶに》の丘の「国立沖縄戦没者墓苑」にすべて分骨されることになりました。そして明仁天皇はその後、右の言葉にもあるように、沖縄に到着するとまず、その戦没者墓苑におもむいて祈りをささげるという、慰霊の旅のスタイルを確立されていきました。

さらに戦後50年目の「慰霊の旅」の直前には、同じ摩文仁の丘に、住民、軍人、国籍の区別なく、すべての戦没者の名前を刻んだ記念碑「平和の礎《いしじ》」も建立されることになりました。

こうして初回訪問時の約束通り、長い年月をかけて心を寄せ続けた沖縄は、象徴天皇という新しい時代の「天皇のかたち」を探し求める、明仁天皇の原点となっていったのです。

「護衛艦は救助に向かわなかったのですか」

対馬丸記念館の展示室（沖縄県那覇市）

〔対馬丸見いださる〕

疎開児の　命いだきて　沈みたる　船深海《しんかい》に　見出だされけり

——明仁天皇／平成9年

〔学童疎開船対馬丸〕

我もまた　近き齢《よはひ》に　ありしかば　沁《し》みて悲しく　対馬丸思ふ

——美智子皇后／平成26年

第二次大戦中に米軍の魚雷攻撃によって撃沈された、悲劇の学童疎開船「対馬丸《つしままる》」。その物語は沖縄では有名ですが、本土ではほとんど知られることがありません。

しかし、明仁天皇と美智子皇后のおふたりは、犠牲者の多くが自分と同じ年代の子どもたちだったこともあって、早くからこの事件に関心を寄せてこられました。

大戦末期の昭和19年（1944年）6月、日本はマリアナ沖海戦で決定的な敗北を喫し、サイパンやテニアンをはじめとする、西太平洋の重要な戦略拠点をすべて奪われてしまいます。

次は沖縄が攻撃目標となることは確実な情勢にありましたが、この時点でもなお戦争の継続を望んだ日本の軍部は、「未来の兵士たち」を温存するという目的もあって、沖縄から九州に8万人、台湾に2万人の学童を疎開させる計画を立てたのです。

しかし同年8月21日、那覇港から長崎へ向けて出航した対馬丸は、翌日、米軍の潜水艦ボーフィン号から魚雷攻撃を受け、撃沈されてしまいました。乗船者約1800人のうち、学童７８０人をふくむ１５００人近くの疎開者が犠牲になったと考えられています。

この悲劇から70年たった平成26年（２０１４年）６月、明仁天皇と美智子皇后は対馬丸の犠牲者を慰霊するためだけの目的で、沖縄を訪問されました。これは、ひめゆりの塔事件に遭遇された１９７５年の初訪問から数えて、10度目の訪問となりました。

38ページの言葉は、対馬丸記念館で事件の概要について説明を受けていたときに、船が沈んだあと、なぜ護衛艦が児童の救助に向かわず危険海域から脱出したかについて質問されたものです。この言葉に重ねて明仁天皇は、

「護衛艦は、そういうときには助けないという、そういう決まりになっていたんですか」

とも聞かれたそうです。（「サンデー毎日」２０１４年７月20日号）

当時、対馬丸の予定航路の周辺に米軍の潜水艦が出没することは、すでに知られていました。そのため、親たちは子どもを疎開船に乗せることをいやがっていた。それを小学校の教員などが、おそらく国の方針だったからでしょう、「護衛艦が一緒だから安全です」と説得した経緯があったのです。

しかし実際には、護衛艦は子どもたちを救助せずに、すぐ全速力で逃げてしまった。

戦前の出来事とはいえ、「天皇の軍隊」の行動を正面切って批判することはできず、答えに困った対馬丸記念会の会長（高良《たから》政勝《まさかつ》氏）に対して、事情を察した明仁天皇は、

「みんな、ぎりぎりいっぱいだったんですね。本当にいたわしいことですね」

と、ひとりごとのようにおっしゃったのだそうです。

III

国民の苦しみと共に

「政治から離れた立場で国民の苦しみに心を寄せたという過去の天皇の話は、象徴という言葉で表すのに最もふさわしいあり方ではないかと思っています」

ガレキをかきよせる消防団員（福島県原町市）

「政治から離れた立場で国民の苦しみに心を寄せたという過去の天皇の話は、象徴という言葉で表すのに最もふさわしいあり方ではないかと思っています。私も日本の皇室のあり方としては、そのようなものでありたいと思っています」

――昭和59年（1984年）4月6日／結婚25周年の記者会見

「国民の苦しみに心を寄せる」

明仁天皇と美智子皇后は、おそらくそれを天皇のもっとも重要な仕事と思われているのでしょう。さらにいえばそのなかでも、

「声なき人びとの苦しみに寄りそうこと」

を最大の責務と考えられているのだと思います。

それはすでにご紹介した23ページの歌にもあるように、明仁天皇が「ひめゆりの塔事件」や沖縄戦の悲劇、魂魄の塔建立の経緯などを通して学ばれた「象徴天皇」という存在のあるべき姿なのでしょう。

「広島、長崎は原爆のため印象的でよく知られていますが、沖縄は逃げ場のない島です。たくさんの人たちが亡くなったのに、本土の人たちの視野から落ちがちです。（略）本土から大勢の人々が訪れますが、沖縄の人々の痛みを分かち合うようになってほしい。それが本土復帰を願った沖縄の人々に対する本土の人々の道であると思います」（昭和62年（1987年）8月）

そうした明仁天皇の姿勢がいかに徹底したものであるかは、次の言葉からもわかります。

「日本ではどうしても記憶しなければならないことが4つあると思います。〔終戦記念日

と〕広島の原爆の日、長崎の原爆の日、そして6月23日の沖縄の戦いの終結の日、この日には黙とうをささげて、いまのようなことを考えています」（昭和56年〔1981年〕8月）

「どうしても腑《ふ》に落ちないのは、広島の〔原爆犠牲者の慰霊式の〕時はテレビ中継がありますね。それにあわせて黙とうするわけですが、長崎は中継がないんですね。（略）それから沖縄戦も県では慰霊祭を行なっていますが、それの実況中継はありません。平和を求める日本人の気もちは非常に強いと思うのに、どうして終戦の時と広島の時だけに中継をするのか」（同前）

明仁天皇自身は、必ずこの4つの日には家族で黙とうをささげ、外出もひかえて静かにすごされているそうです。やむをえず海外訪問中のときなども、公式日程を少しずらしてもらって、その時間に黙とうされる。そうした思いが世代をこえて、これからも長く受けつがれていくであろうことは、次の徳仁《なるひと》皇太子〔浩宮《ひろのみや》〕の言葉からもわかります。

「私は、子供の頃から、沖縄慰霊の日、広島や長崎への原爆投下の日、そして終戦記念日には、両陛下とご一緒に黙とうをしており、その折に、原爆や戦争の痛ましさについてのお話を伺ってきました。（略）両陛下からは、愛子（内親王）も先の大戦について直接お話を聞かせていただいておりますし、私も両陛下から伺ったことや自分自身が知っていることについて、愛子に話をしております」（平成27年〔2015年〕2月20日／55歳の誕生日会見）

原爆の
まが（禍《わざわ》い）を患《わずら》ふ
人々の
五十年《いそとせ》の日々
いかにありけむ

——平成7年（1995年）／題「原子爆弾投下されてより五十年経ちて」

原爆ドーム（広島県広島市）

「20世紀における物理学の進歩が輝かしいものであった一方で、この同じ分野の研究から、大量破壊兵器が生み出され、多くの犠牲者が出たことは、誠に痛ましいことでありました。
1945年夏、広島と長崎に落とされた2発の原子爆弾により、ほぼ20万人がその年の内に亡くなり、その後も長く多くの人々が、放射線障害によって、苦しみの内に亡くなっていきました。今後、このような悲劇が繰り返されることなく、この分野の研究成果が、世界の平和と人類の幸せに役立っていくことを切に祈るものであります」

――平成19年〔2007年〕6月4日／原子核物理学国際会議・開会式

戦後50年にあたる1995年（平成7年）、明仁天皇は毎年恒例となっている海外への訪問をとりやめ、国内の戦没者への慰霊の旅を連続して行なわれました。[*1] 7月26日・長崎、翌27日・広島、8月2日・沖縄、そして沖縄から帰京した翌3日には、東京大空襲の犠牲者をまつる墨田区の東京慰霊堂を訪問されています。

その後、慰霊の旅はさらに海外へと拡大し、このあとご紹介するように、戦後60年（2005年）にはサイパン、戦後70年（2015年）の今年はパラオを訪問されました。

しかし、それらのなかでも広島と長崎への旅は、もうひとつ別の意味をもつ旅となりました。

それは戦後50年の慰霊の旅で、広島についてよまれた前ページの歌を見ればわかります。

＊1――その前年の平成6年（1994年）には、硫黄島《いおうじま》への慰霊の旅を行なわれています。

「原爆の　まが〔禍《わざわ》い〕を患《わずら》ふ　人々の　五十年《いそとせ》の日々　いかにありけむ」（平成7年〔1995年〕題「原子爆弾投下されてより五十年経《た》ちて」）

それはあきらかに「過去の犠牲への慰霊」だけでなく、被曝による健康被害という「現在もつづく苦しみ」に寄りそう目的をもって、行なわれた旅でした。*2

さらにそうした被曝についての正確な知識が、このあとご紹介するように、2011年に起きた福島の原発事故に対する断固とした姿勢につながっていくことになったのです。

化学物質による健康被害については、2013年10月、熊本県水俣市を訪れ、長年薬害で苦しむ水俣病*3の患者と面会されたときの歌もあります。

「患《わずら》ひの　元知れずして　病みをりし　人らの苦しみ　いかばかりなりし」（平成25年〔2013年〕／題「水俣を訪れて」）

もともと明仁天皇と美智子皇后のおふたりは、皇太子時代にすでに47都道府県をすべて訪問されていました。そして即位後も、なるべく早く天皇として全国をまわりたいという強い希望をもたれていたそうです。

その思いがかなって、2003年（平成15年）11月の鹿児島県訪問をもって、天皇即位後、15年間で、47都道府県をすべて訪問するという目標を達成されました。

「人々の　幸願《さち》ひつつ　国の内　めぐりきたりて　十五年経つ」（平成16年／歌会始／題「幸」）

その時点で、天皇として訪問した市町村の数は401、移動距離は12万キロ、沿道で歓迎した人たちの数は、660万人に達していたそうです。

*2―この旅で明仁天皇と美智子皇后は、被爆者団体の代表たちに会い、広島でも長崎でも、被曝によって体に障害をもつ人たちが入居する原爆養護ホームを訪問されています。

*3―病気の発生後、長らく原因が特定されませんでした。

「東日本大震災からは四度目の冬になり、放射能汚染により、かつて住んだ土地に戻れずにいる人々や仮設住宅で厳しい冬を過ごす人々もいまだ多いことも案じられます」

封鎖された立入制限区域（福島県南相馬市）

「昨年は春には東日本大震災が起こり、夏から秋にかけては各地で大雨による災害が起こり、多くの人命が失われ、実に痛ましいことでした。また、原発事故によってもたらされた放射能汚染のために、これまで生活していた地域から離れて暮らさなければならない人々の無念の気持ちも深く察せられます」

——平成24年〔2012年〕1月1日／新年の感想

「東日本大震災から二度目の冬が巡ってきました。放射能汚染によりかつて住んでいた地域に戻れない人々や、仮設住宅で厳しい冬を過ごさざるを得ない人々など、年頭に当たって、被災者のことが、改めて深く案じられます」

——平成25年〔2013年〕1月1日／同前

「東日本大震災から三度目の冬が巡ってきましたが、放射能汚染によりかつて住んでいた地域に戻れずにいる人々や、仮設住宅で厳しい冬を過ごす人々など、年頭に当たり、被災者のことが改めて深く案じられます」

——平成26年〔2014年〕1月1日／同前

「東日本大震災からは四度目の冬になり、放射能汚染により、かつて住んだ土地に戻れずにいる人々や仮設住宅で厳しい冬を過ごす人々もいまだ多いことも案じられます」

——平成27年〔2015年〕1月1日／同前

東日本大震災の発生から5日後の2011年3月16日、明仁天皇が直接国民へ語りかける励ましの言葉がテレビで放送されました。一部のメディアはそれを第二次大戦の敗戦時に昭和天皇がラジオで語りかけたとき以来の「平成の玉音放送《ぎょくおんほうそう》」だと報じました。その後、天皇皇后のおふたりは、7週連続で被災地を訪問し、その後もお見舞いの行脚《あんぎゃ》をつづけられています。

右ページ最初の2012年のメッセージは、当時の野田首相による「原発事故収束宣言」（2011年12月16日）から、わずか2週間後にのべられたものです。

「原子炉が冷温停止状態*1になったので、事故そのものは収束した」という野田首相の説明はまったくのデタラメだったのですが、大手メディアはそのことを批判しませんでした。国家の中枢にあって、この原発事故収束宣言にしたがわず、問題がまだ終わっていないというメッセージを断固として発信したのは、ただひとり明仁天皇だけでした。それでもNHKなどは、明仁天皇が放射能汚染にふれた部分は飛ばして放送した。だから国民には伝わらなかったのです。

さらに特筆すべきは、その後、原発災害については政府の報道コントロールによって、だれもが口に出しにくくなっているなか、右ページのように4年連続、新年の「ご感想」で、はっきりと指摘されていることです。これは「声なき人びとの苦しみに寄りそう」ことこそが天皇の責務であるという、強い信念にもとづいたものでしょう。

この原発災害の現状認識についての断固とした姿勢は、ひめゆりの塔事件に始まる沖縄の問題への長く真摯《しんし》な取り組みに並ぶ、明仁天皇メッセージの白眉《はくび》だと私は思います。

＊1―「冷温停止」とは、原子炉が壊れていない状態で炉内の水の温度が100度未満になり、放射性物質が放出されない状態をあらわす言葉ですが、それを「冷温停止状態」というまったく意味のない言葉を考えだし、原子炉が壊れているにもかかわらず、「原子炉圧力容器の底の部分がおおむね100度以下になっていること」などをもって、あたかも事故そのものが収束したかのようなイメージ操作を行ないました。

今ひとたび
立ち上がりゆく
村むらよ
失《う》せたるものの
面影の上《へ》に

美智子皇后の歌／平成24年〔2012年〕／題「復興」

集められたアルバム（福島県相馬市）

〔雲仙・普賢岳噴火〕

人々の　年月《としつき》かけて　作り来《こ》し　なりはひの地に　灰厚く積む

――平成3年〔1991年〕

〔北海道南西沖地震〕

壊れたる　建物の散る　島の浜　物焼く煙　立ちて悲しき

――平成5年〔1993年〕

〔阪神・淡路大震災〕

なゐ《い》〔地震〕をのがれ　戸外に過す　人々に　雨降るさまを　見るは悲しき

――平成7年〔1995年〕

〔三宅島噴火〕

火山灰　ふかく積りし　島を離れ　人らこの冬を　いかに過さむ

――平成12年〔2000年〕

〔新潟県中越地震〕

地震《ない》により　谷間の棚田　荒れにしを　痛みつつ見る　山古志《やまこし》の里

――平成16年〔2004年〕

〔新潟県中越沖地震〕

被災せし　新潟の人は　いかにあらむ　暑さ厳しき　この夏の日に

――平成19年〔2007年〕

〔岩手・宮城内陸地震〕

災害に　行方不明者の　増しゆくを　心痛みつつ　北秋田に聞く

――平成20年〔2008年〕

〔東日本大震災〕

大いなる　まが（禍《わざわ》い）のいたみに　耐へて生くる　人の言葉に　心打たるる

――平成23年〔2011年〕

前ページは明仁天皇の即位後に起きた主な天災と、その被災地を訪問されたときの歌です。

こうして並べてみると、日本はほぼ3年に一度、大きな地震や噴火に見まわれていることがわかります。このように国土全体が大地震の活動期に入りつつある日本列島で、何十基もの原発を稼働させていることがいかに危険か、地震学の権威である石橋克彦・神戸大学名誉教授は20年前から強く警告してきました。(『原発震災——警鐘の軌跡』七つ森書館)

でも、日本は原発を止められない。目の前の小さな利益にとらわれ、論理的に考えればだれでもわかるはずの危険を回避するための行動をとることができない。そうした日本人のもつ大きな欠点が、政界、財界、官界など、あらゆる分野にはびこっているのです。

今年(2015年)3月に来日し、東京で講演[*1]したドイツのメルケル首相は、

〈自分はもともと物理学者であり、長年、原発推進派だったこと〉

〈しかし福島の原発事故を見て、考えが変わったこと〉

〈日本のような高度な技術水準をもつ国でも、想定外の事故が起こることを知り、ドイツは2022年までに原発を全廃すると決めたこと〉

について、明快に意見をのべてくれました。

右の3つの言葉をもう一度よく見てください。日本は事故を起こした当事者で、しかも地震大国です。選ぶべき道は、論理的に考えてドイツと同じ道しかないはずです。

それでも目先のお金が惜しいからといって、なお「原発は必要だ」といいつづける日本のトップエリートたちは、自分の子や孫の世代への責任をいったいどう考えているのでしょうか。

*1――2015年3月9日、朝日新聞社東京本社内・浜離宮朝日ホール。

Ⅳ

近隣諸国へのメッセージ

「この両国の関係の永きにわたる歴史において、我が国が中国国民に対し多大の苦難を与えた不幸な一時期がありました。これは私の深く悲しみとするところであります」

故宮博物館（中国・北京）

「貴国と我が国の交流の歴史は古く、とくに7世紀から9世紀にかけて行われた遣隋使《けんずいし》、遣唐使《けんとうし》の派遣を通じ、我が国の留学生は長年中国に滞在し、熱心に中国の文化を学びました。両国の交流は、そのような古い時代から長い間平和裡《へいわり》に続き、我が国民は、長年にわたり貴国の文化に対し深い敬意と親近感を抱いてきました。（略）

しかし、この両国の関係の永きにわたる歴史において、我が国が中国国民に対し多大の苦難を与えた不幸な一時期がありました。これは私の深く悲しみとするところであります。戦争が終わった時、我が国民は、このような戦争を再びくり返してはならないとの深い反省にたち、平和国家としての道を歩むことを固く決意して、国の再建に取り組みました」

——平成4年（1992年）10月23日／楊尚昆《ようしょうこん》国家主席主催晩餐会／北京／人民大会堂

1992年、明仁天皇は日本の天皇として、史上初めて中国を訪問されました。その歓迎晩餐会《ばんさんかい》でのべられた右の言葉を、昭和史研究の第一人者である保阪正康氏は、明確な謝罪の言葉として高く評価しています。[*1] こうした明仁天皇の中国や韓国に対する謝罪の言葉を読むたびに、私の頭にはいつも「本当の愛国心とは何だろう」という言葉が浮かんでくるのです。

日本の右派やナショナリストと呼ばれる人たちは、とにかく中国や韓国など、アジアの近隣諸国に頭を下げることを嫌い、「侵略はなかった」「南京での虐殺もなかった」「韓国併

＊1——『明仁天皇と裕仁天皇』（保阪正康／講談社）

合は、韓国側から頼まれてやったことだ」などという、国際的にはまったく通用しない「強気の議論」をくり返しています。おそらく彼らはそれを、愛国心の証《あかし》と考えているのでしょう。

けれどもそうした右派の「愛国的な議論」は、大きな矛盾をはらんでいるのです。なぜならアジアの周辺諸国に対して高圧的な態度をとればとるほど、日本は現在の極端な対米従属状態から抜け出すことが難しくなるというパラドックスが、そこには存在するからです。

日本人は第二次大戦での敗北を、すでに決着のついた「過去の問題」だと考えています。その最大の理由は、戦後すぐに始まった「冷戦」というもうひとつの戦争において、日本は徹底した対米従属路線をとることにより、見事、戦勝国となることに成功したからです。長年、日本の代名詞だった「世界第二位の経済大国」は、その輝ける戦勝トロフィーだったといえるでしょう。

しかし冷戦終結後にあらわれた冷酷な現実は、国連憲章には現在でも第二次大戦の敗戦国である日本やドイツなどを対象とした「敵国条項」とよばれる差別的な条文[*2]があり、逆に中国はそうした国際法の枠組みのなかで、「拒否権[*3]」という圧倒的な特権をもつ五大国（国連安保理・常任理事国）のひとつだという事実です。

つまり中国とのあいだに本当の意味での和解が成立しなければ、日本は国際法のなかの差別的な地位から脱け出すことができず、永遠にアメリカの保護下にとどまって、対米従属を続けるしかない。右派はそのパラドックスを直視していないのです。

冷戦が終結したいま、日本の前にはふたつの道があります。ひとつは中国の脅威を強調し、「新たな冷戦構造」を作りだして、そのなかで「アメリカの右腕（＝有力な属国）」としてふるま

＊2―もしも日本やドイツといった敵国（＝敗戦国）が、過去の侵略行為を反省せず、ふたたび侵略的な政策をとろうとしたら、周辺国は国連の許可を得ずに、いきなりその国を軍事攻撃できるという国連憲章第53条と、敵国の戦後処理の問題（＝日米安保条約や地位協定）には国連憲章は適用されないという第107条があります。

＊3―「安全保障」と「国連憲章改正」という2つの超重要事項について、前者は国連憲章第27条3項（「表決」）によって、後者は第108条（「改正」）によって、五大国（国連安全保障理事会・常任理事国）の拒否権が認められています。

うこと。右派の代表である安倍首相が提唱する「中国包囲網」[*4]は、まさにそうした戦略にもとづくものですが、中国が超経済大国となったいま、賛同する国はどこにもありません。

では日本が歩むべき、もうひとつの正しい道とは何か。国際法上の「敵国」が、どうすればその地位を脱して自立した真っ当な国、正しい政策を選択できる国になれるのか。

そのための唯一の道が、明仁天皇の言葉が示す「正しい歴史認識」と「周辺諸国への謝罪」、その結果として生まれる「信頼回復」であることを、ドイツの過去70年の歴史は教えてくれています。

第二次大戦の引き金を引き、さらにはホロコースト（ユダヤ人大虐殺）という大きな罪を犯してしまったドイツは、なぜ戦後、ヨーロッパの国際社会に受け入れてもらうことができたのか。

第3章でもふれた、今年来日したドイツのメルケル首相は次のように語っています。

「ひとつには、ドイツが過去ときちんと向きあったからでしょう。（略）そして、全体としてヨーロッパが、数世紀におよぶ戦争から多くのことを学んだからだと思います」

「さらに、大きなプロセスのひとつとして、ドイツとフランスの和解[*5]があります。（略）かつて、ドイツとフランスは不倶戴天《ふぐたいてん》の敵といわれました。（略）世代を超えて受け継がれる敵対関係ということです。幸いなことに、そこを乗り越えて、お互いに一歩、歩み寄ろうとする偉大な政治家たちがいたのです。しかし、それは双方にとって決して簡単なことではなかった。隣国フランスの寛容な振る舞いがなかったら不可能だったでしょう。そしてドイツにもまた〔過去の歴史を〕ありのままに見ようという用意があったのです」（2015年3月9日）

＊4―2度目の首相就任の翌日、2012年12月27日に国際NPO団体のウェブサイト「プロジェクト・シンジケート」に英文で発表した「アジアの民主主義国によるセキュリティ・ダイヤモンド構想」（"Asia's Democratic Security Diamond"）。こうした構想を実現するためにどうしても必要なのが、集団的自衛権の行使容認というわけです。

＊5―フランスは中国と同じく、国連憲章において大きな特権を認められた五大国（国連安全保障理事会・常任理事国）のひとつです。

万里の長城（中国・北京）

「歴史的に見てみると、日本の文化というのはずいぶん中国の恩恵を受けているわけですね。中国からあるものを受け入れて、日本の文化というものが形成されてきたわけです」

「中国というのは近い国ですね。日本人として、中国は非常に重要な国だと思います」
「歴史的に見てみると、日本の文化というのはずいぶん中国の恩恵を受けているわけですね。中国からあるものを受け入れて、日本の文化というものが形成されてきたわけです。そういう歴史的な過程というものを十分知っておくことが、（略）これからの中国との付き合いの基本になるんじゃないかと思います」

――昭和53年（1978年）8月10日／夏の定例会見

地政学という言葉があります。ある国の政治的・軍事的なポジションは、主にその国のもつ地理的な条件によって決定される。そういう視点から国際関係についての研究をする学問です。そうした見方からすると、現在の日本の地政学的特徴は非常に単純です。なぜならそれは、「アメリカと中国のあいだ」と、ひとことで表現することができるからです。

かつてローマ帝国が地中海を「われらが海《マーレ・ノストゥルム》」と表現したように、アメリカは第二次大戦の勝利によって日本を手に入れ、そこに基地をおくことで、太平洋を「アメリカの湖《アメリカン・レイク》」とし、唯一の超大国の地位を確立することに成功しました。

しかしその状況は、いま、大きく変化しようとしています。

私が15年前に仕事をした世界的歴史学者、オックスフォード大学の故J・M・ロバーツ教授は、大著『世界の歴史・日本版』（全10巻・創元社）のなかで、こんなことを書いています。

〈中国の帝政を終わらせた「20世紀の中国革命」[*1]は、フランス革命よりもはるかに本質的

＊1―ロバーツ教授は、孫文らによる辛亥《しんがい》革命（1911年）から毛沢東らによる共産主義国の成立（1949年）までを、ひとつながりの「中国革命」としてとらえています。

な意味で、新しい時代の始まりをつげる出来事でした。（第9巻）〉〈世界の歴史全体から見ても、その重要性に匹敵する出来事は「7世紀のイスラム教の拡大」と「16世紀以降の近代ヨーロッパ文明の世界進出《グローバリゼーション》」以外には見当たりません。（第10巻）〉

本当の学問がもつ力とはすごいものです。この原稿をもらった２００１年、私はこの文章の意味がまったくわかっていませんでした。もしきちんと理解していたら、その後、株で大儲けすることができたでしょう（笑）。この直後から、中国の猛烈な経済成長が始まったからです。

つまりロバーツ教授は、人類の文明史全体を見わたしたうえで、現在の世界を「近代ヨーロッパ文明の時代から、新しいアジア文明の時代への転換期」と位置づけているのです。ロバーツ教授によれば、その新しい時代の主役である中国のもっとも大きな地政学的特徴は、西側の国境が険しい山脈によって外の世界と遮断されていることだそうです。（第5巻）だから16世紀に突如、世界に進出し始めた西洋文明が、世界最大の経済大国である中国にアクセスするためには、東側の太平洋側から上陸するしかなかった。そのとき決定的に重要な意味をもつことになったのが、中国の東の海上に浮かぶ、南からフィリピン、台湾、沖縄、日本という島国だった。この地政学的な関係は、５００年前から変わっていないわけです。

たとえば１５８２年、日本での布教経験をもつイエズス会の宣教師ヴァリニャーノは、当時スペイン帝国領だったフィリピンの総督に対し次のような内容の手紙を書いています。

〈日本は国土が貧しく、国民は勇敢で、つねに軍事訓練を積んでいるので征服には不向き

＊2―「日本は何らかの征服事業を企てる対象としては不向きである。何故なら、日本は（略）国土が不毛かつ貧しい故に、（略）また国民は非常に勇敢で、しかも絶えず軍事訓練を積んでいるので、征服が可能な国土ではないからである。

しかしながら、シナにおいて陛下が行いたいと思っていることのために、日本は時とともに、非常に益することになるだろう。それ故日本の地を極めて重視する必要がある」（『キリシタン時代の研究』高瀬弘一郎／岩波書店）

です。しかし中国における皇帝陛下の希望〈＝植民地化〉をかなえるには非常に役に立つでしょう〉（一部要約[*2]）

このように西洋文明の拡張主義者《グローバリスト》の中には、日本を使って中国を攻撃しようという勢力（軍産複合体）が昔からつねに存在する。その誘導にだけは、絶対にのってはならないのです。

中国と日本を分断し、対立させるために、これまでさまざまなトリックが考えだされてきました。その代表的なひとつがハンチントンの「8大文明説[*3]」という大ウソです。

よく考えてみてください。どうして西ヨーロッパやアメリカ、オーストラリアが全体で「西欧文明」というひとつの文明なのに、日本は一カ国だけで「日本文明」を形成しているのか。

文明とは、民族の垣根を越えて、多くの人びとが生命と社会を維持していくためのシステムのことです。はしで米を食べ、着物をオビでしめ、中国にまねて都を作った日本の、いったいどこが「独自文明」なのでしょう。

アメリカと軍事的に敵対することは、日本にとって破滅を意味します。それはすでに歴史的に証明された事実です。しかし、19世紀初頭まで、世界のGDPの50％以上はつねに中国とインドが占めていた[*4]。そして2050年のアジアのGDPも、世界の50％を占めるという推計があります[*5]。日本の未来がアジアとの経済的な融合にあることは、だれの目にもあきらかです。

だからアメリカを排除せず、彼らにも十分な利益をあたえる形で、平和的なアジアの経済発展をめざしていく。だれがどう考えても、それ以外に道はないのです。

＊3―アメリカの国際政治学者サミュエル・ハンチントンが『文明の衝突』のなかで提唱した概念。世界の文明が「西欧文明」「中華文明」「イスラム文明」「ヒンドゥー文明」「東方正教会文明」「ラテンアメリカ文明」「アフリカ文明」「日本文明」の8つに大別されています。

＊4―『経済統計で見る世界経済2000年史』（アンガス・マディソン／柏書房）

＊5―「2050年のアジア」（アジア開発銀行／2011年）

進善門

「両国の永く密接な交流のあいだには、我が国が朝鮮半島の人々に多大の苦難を与えた一時期がありました。私は先年、このことにつき私の深い悲しみの気持ちを表明いたしましたが、今も変わらぬ気持ちを抱いております」

昌徳宮で遊ぶ親子（韓国ソウル市）

「貴国は我が国に最も近い隣国であり、人々の交流は、史書に明らかにされる以前のはるかな昔から行われておりました。そして、貴国の人々から様々な文物が我が国に伝えられ、私共の祖先は貴国の人々から多くのことを学びました。

このような両国の永く密接な交流のあいだには、我が国が朝鮮半島の人々に多大の苦難を与えた一時期がありました。私は先年、このことにつき私の深い悲しみの気持ちを表明いたしましたが、今も変わらぬ気持ちを抱いております。戦後、我が国民は、過去の歴史に対する深い反省の上に立って、貴国国民との間にゆるがぬ信頼と友情を造り上げるべく努めて参りました」

――平成6年(1994年)3月24日/金泳三《キムヨンサム》韓国大統領ご夫妻のための宮中晩餐

右は1992年の中国への謝罪(59ページ)と対《つい》をなす、韓国に対する「明確な謝罪」の言葉です。実は明仁天皇は即位翌年の1990年5月、盧泰愚《ノテウ》大統領のための宮中晩餐で、

「朝鮮半島と我が国との長く豊かな交流の歴史を振り返るとき、昭和天皇が『今世紀の一時期において、両国の間に不幸な過去が存したことは誠に遺憾であり、再び繰り返されてはならない』と述べられたことを思い起こします。我が国によってもたらされたこの不幸な時期に、貴国の人々が味わわれた苦しみを思い、私は痛惜の念を禁じえません」

と、昭和天皇の言葉を引きながら、一歩踏み込む形で謝罪の意を表明されていました。

しかし、さらに明確な表現が必要だとの判断から、4年後、金泳三大統領をまねいた宮

中晩餐で右のようにのべて、韓国への「謝罪問題」を決着させられたわけです。

その後、「我が国が（略）多大の苦難を与えた」や、「過去の歴史に対する深い反省」という明確な謝罪の言葉は、左のように翌年の戦後50年の「村山談話」、そして戦後60年の「小泉談話」に受けつがれ、さらに「植民地支配と侵略」という正しい歴史認識も加えられていきました。

「わが国は、遠くない過去の一時期、国策を誤り、戦争への道を歩んで国民を存亡の危機に陥れ、植民地支配と侵略によって、多くの国々、とりわけアジア諸国の人々に対して多大の損害と苦痛を与えました。私は、未来に誤ち無からしめんとするが故に、疑うべくもないこの歴史の事実を謙虚に受け止め、ここにあらためて痛切な反省の意を表し、心からのお詫びの気持ちを表明いたします」（村山富市・内閣総理大臣／平成7年〔1995年〕8月15日）

「我が国は、かつて植民地支配と侵略によって、多くの国々、とりわけアジア諸国の人々に対して多大の損害と苦痛を与えました。こうした歴史の事実を謙虚に受け止め、改めて痛切な反省と心からのお詫びの気持ちを表明するとともに、先の大戦における内外のすべての犠牲者に謹んで哀悼の意を表します」（小泉純一郎・内閣総理大臣／平成17年〔2005年〕8月15日）

こうした正しい歴史認識と根気よい謝罪の積み重ねこそが、実は日本が真っ当な主権国家として自立するための「愛国的な行為」であり、現在安倍首相が行なおうとしているその方針からの離脱は、逆に永遠の対米従属をもたらす道でしかない。そのことについては、すでにご説明したとおりです。

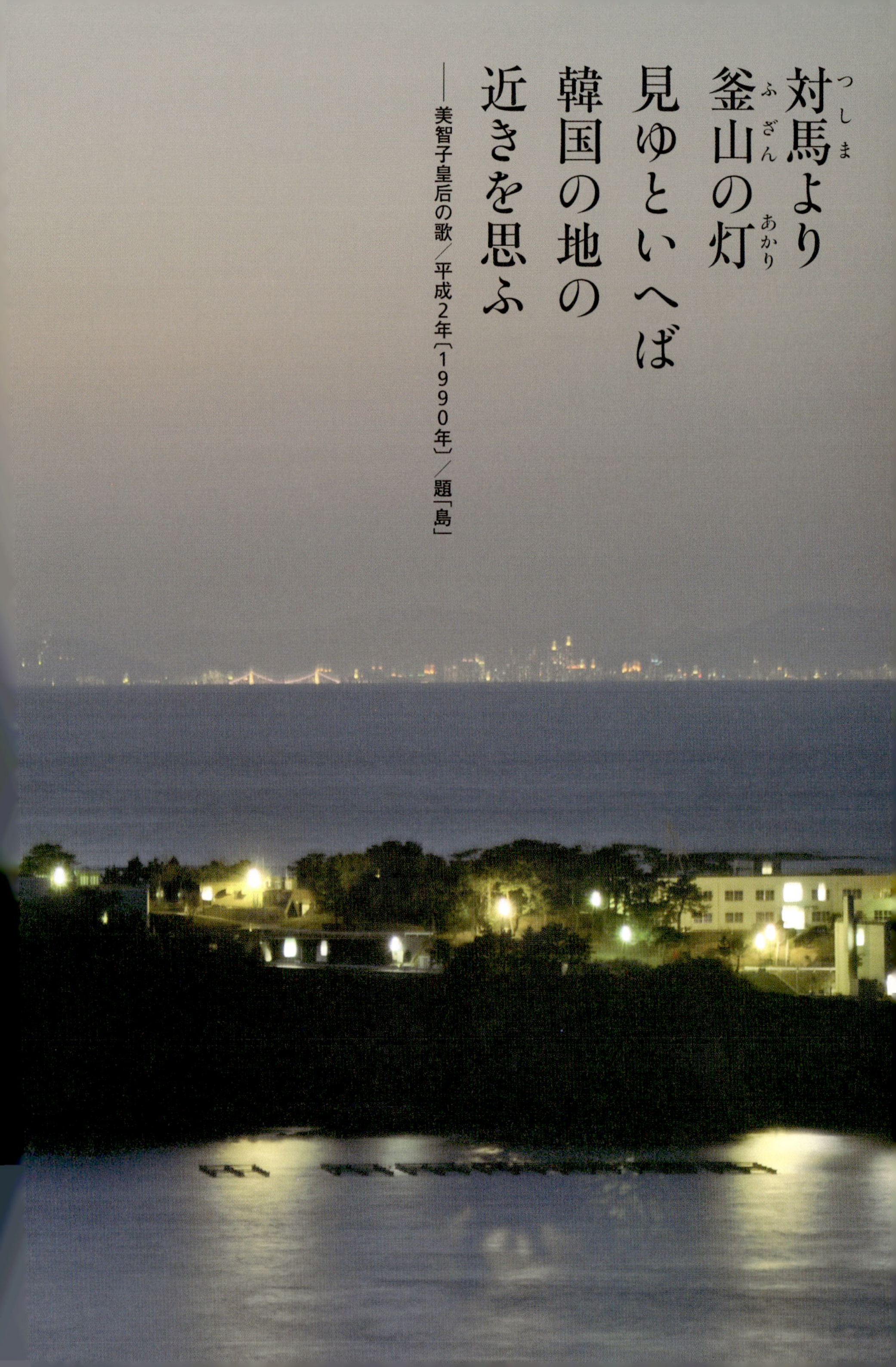

対馬《つしま》より
釜山《ふざん》の灯《あかり》
見ゆといへば
韓国の地の
近きを思ふ

——美智子皇后の歌／平成2年〔1990年〕／題「島」

対岸に見える釜山の町（長崎県対馬市）

「日本と韓国の人々の間には、古くから深い交流があったことは、『日本書紀』などに詳しく記されています。（略）私自身としては、桓武《かんむ》天皇*1の生母が百済《くだら》の武寧王《ぶねいおう》*3（在位／502—523年）の子孫であると『続日本紀《しょくにほんぎ》』に記されていることに、韓国とのゆかりを感じています。（略）

しかし、残念なことに韓国との交流は、このような交流ばかりではありませんでした。このことを私どもは忘れてはならないと思います。

ワールドカップを控え、両国民の交流が盛んになってきていますが、それが良い方向に向かうためには、両国の人々が、それぞれの国が歩んできた道を個々の出来事において正確に知ることに努め、個人個人として、互いの立場を理解していくことが大切と考えます」

——平成13年〔2001年〕12月18日／68歳の誕生日会見

2002年6月、日本と韓国はサッカー・ワールドカップの共同開催という、それまで前例のなかった困難なプロジェクトを見事に成功させました。右はその前年12月の言葉です。

59ページの中国への謝罪の言葉が、実際に現地を訪問して行なわれたものであるのに対し、68ページの韓国への謝罪の言葉は、金泳三《キムヨンサム》大統領の来日時の晩餐会での発言で、天皇の韓国訪問はまだ実現していません。昭和天皇が最後まで沖縄を訪問できなかったように、明仁天皇にとって韓国訪問は、ただひとつ残された最後の難題なのです。

*1—在位781-806年。
*2—六代前に日本に帰化していた高野新笠《たかののにいがさ》。
*3—在位502-523年。

ワールドカップの日韓共同開催は、その難題を解決するための最大のチャンスと考えられ、天皇の韓国訪問が真剣に検討されましたが、実現にはいたりませんでした。

このとき明仁天皇自身が前向きだったことは、

「この経験が、日韓両国民の親善関係の増進に役立っていくことを期待しています。（略）優勝したブラジルと準決勝まで勝ち進んだ共催国韓国にも、心からの祝意を表します」

という大会終了時（6月30日）のメッセージにも、その一端をうかがうことができます。

また右の文中にある、

「私自身としては、桓武天皇の生母が百済の武寧王の子孫であると『続日本紀』に記されていることに、韓国とのゆかりを感じています」

という言葉は、近年なぜか日本国内に蔓延《まんえん》するようになった韓国人差別への、決定的なカウンターパンチだといえるでしょう。

日本は近隣諸国、とくに侵略によって被害をあたえた中国や韓国に対し、絶対に差別意識をもつべきではないし、もつべき根拠は何もない。逆にそうした行為は、すでにのべたとおり、メルケル首相の言葉を読めばわかるように、第二次大戦の敗戦国（国際法上の「敵国」）である日本が、きちんとした主権国家としての地位を回復するうえで最大の障害となるのです。

明仁天皇の言葉通り、隣国との親善のために「歴史を正確に知り」「互いの立場を理解していくこと」。この国際社会のスタンダードを私たちは絶対に忘れてはならないのです。

あまたなる
命の失せし
崖の下
海深くして
青く澄みたり

——平成17年（2005年）／題「サイパン島訪問」

バンザイクリフ（サイパン島／アメリカ合衆国自治州）

「先の大戦では非常に多くの日本人が亡くなりました。全体の戦没者310万人の中で、外地で亡くなった人は240万人に達しています。戦後60年に当たって、私どもはこのように大勢の人が亡くなった外地での慰霊を考え、多くの人々の協力を得て、米国の自治領である北マリアナ諸島のサイパン島を訪問しました。（略）

昭和19年6月15日、米軍がサイパン島へ上陸してきたときには日本軍はすでに制海権、制空権を失っており、大勢の在留邦人は引き揚げられない状態になっていました。このような状況下で戦闘が行われたため、7月7日に日本軍が玉砕するまでに陸海軍の約4万3千人と在留邦人の1万2千人の命が失われました。軍人を始め、当時島に在住していた人々の苦しみや島で家族を亡くした人々の悲しみは、いかばかりであったかと計り知れないものがあります。

この戦闘では米軍にも3500人近い戦死者があり、また900人を超えるサイパン島民が戦闘の犠牲になりました。またこの戦闘では朝鮮半島出身の人々も命を落としています。この度の訪問においては、それぞれの慰霊碑にお参りし、多くの人々が身を投じたスーサイド・クリフとバンザイ・クリフを訪れ、先の大戦において命を落とした人々を追悼し、遺族の悲しみに思いを致しました。（略）

日本は昭和の初めから昭和20年の終戦までほとんど平和な時がありませんでした。この過去の歴史をその後の時代とともに正しく理解しようと努めることは日本人自身にとって、また日本人が世界の人々と交わっていく上にも極めて大切なことと思います」

――平成17年〔2005年〕12月19日／72歳の誕生日会見

2005年6月28日、第二次大戦の戦没者を追悼するためサイパンを訪れていた明仁天皇と美智子皇后は、当初の公式日程には含まれていなかった沖縄や朝鮮半島出身者の慰霊塔などを含む、島内の主な慰霊の地すべてをめぐり、拝礼されました。

国籍や軍人・民間人の区別なく、戦争で命を落としたすべての人びとの魂をなぐさめる。それは沖縄南部の戦跡に立つ「魂魄の塔」に始まり、その後、国内での旅によって確立された明仁天皇の慰霊の思想が、海外にまで展開された最初の例だったといえるでしょう。

右の文中にある「海外での戦死者240万人」の半数以上は餓死《うえじに》だったといわれています。[*1]とくにニューギニアの第18軍などは10万人いた兵隊のうち、9万人が餓死しています。

さらに「全体の戦死者310万人」のうち、1944年以降の戦死者が、大多数をしめています。それは対馬丸のところで見たように、サイパン島の戦いと併行して行なわれたマリアナ沖海戦（1944年6月19―20日）で、日本軍が空母と航空機の大半を失い、戦いに完全に決着がついたあとも、なんの展望もないまま、ただ戦争を継続したからでした。[*2]

みなさんもよくご存じのとおり、サイパン島から直接本土を爆撃できるようになったB29に対して、日本は竹ヤリの訓練をしていたのです。

こうした戦史を具体的に見ていくと、そもそも旧日本軍の参謀たちには、最初から海外で戦争をする能力など、まったくなかったといわざるをえないのです。

＊1―『餓死《うえじに》した英霊たち』（藤原彰／青木書店）
＊2―93ページの註を参照。

「ここパラオの地において、私どもは先の戦争で亡くなったすべての人々を追悼し、その遺族の歩んできた苦難の道をしのびたいと思います」
浅瀬に沈むゼロ戦（パラオ共和国）

「ミクロネシア地域は第一次大戦後、国際連盟の下で、日本の委任統治領になりました。パラオには、南洋庁が設置され、多くの日本人が移住してきました。（略）しかしながら、先の戦争においては、貴国を含むこの地域において日米の熾烈《しれつ》な戦闘が行われ、多くの人命が失われました。（略）ここパラオの地において、私どもは先の戦争で亡くなったすべての人々を追悼し、その遺族の歩んできた苦難の道をしのびたいと思います」

――平成27年（2015年）4月8日／パラオ共和国／歓迎晩餐会

明仁天皇にとって、パラオ訪問は20年越しの懸案でした。実は即位直後の1990年代前半から、すでにパラオやサイパン、マーシャル諸島への慰霊の旅をしたいと希望されていたのです。2005年にまずサイパンへの訪問が実現したのは、パラオには適当な宿泊施設がないことが主な理由だったようです。

今回の訪問の主な目的は、もちろんパラオの主要な島、ペリリュー島をめぐって行なわれた激しい戦いの犠牲者に対する慰霊にありました。それは沖縄やサイパンへの旅と同じく、国籍や軍人・民間人の違いをこえ、「戦争で亡くなったすべての人々」に対する追悼の旅だったのです。

しかし明仁天皇が長年、パラオやサイパンというミクロネシアの地にこだわってこられたのは、右の言葉にあるように、それが戦前は「南洋諸島」とよばれる日本の委任統治領だったからということもあるのです（南洋庁という行政機関がおかれたパラオは、その首都のような存在でした）。

そのために戦後、この地域の人びとは、沖縄の人びととよく似た苦難の道を歩むことになりました。国連憲章で定められた信託統治制度のなかで、「戦略地区《ストラテジック・エリア》」という差別的な位置づけをされ、とくにマーシャル諸島などはアメリカの核実験場にされてしまったのです。

みなさんもビキニという環礁《かんしょう》でくり返されたアメリカの核実験について、耳にされたことがあると思います。そこでは1946年から1958年までのあいだに、もうひとつの実験場（エニウェトク環礁）とあわせて計67回の核実験が行なわれました。

そのうちのひとつが、日本ではマグロ船・第五福竜丸の被曝で知られる水爆実験「ブラボー」です（1954年3月）。その威力は広島型原爆の1000倍とされる15メガトン。実はこのとき第五福竜丸以外にも、日本の1000隻以上の漁船が被曝しています。当然、周囲の島に住む多くの住民もこのとき被曝し、その被害は現在までつづいています。

基本的人権の尊重をうたった戦後の国連憲章のもとで、いったいなぜそんなメチャクチャな核実験が可能だったのか。その理由は「敗戦国（＝敵国）の戦後処理の問題については国連憲章は適用されない」とした、敵国条項（国連憲章107条）の悪用にありました。この法的なトリックは、沖縄を軍事植民地化しつづけた法的トリックとまったく同じものでした。*1

日本に委任統治されていたというだけの理由で、戦後、そうした理不尽な差別を経験しつづけたミクロネシアの悲劇。明仁天皇がどうしても訪問したいと希望された理由は、その声なき人びとの苦しみに心を寄せるという意味もあったのではないかと私は思っています。

＊1―ダレスなどが多用したこうした法的トリックの基本は、条文の例外規定として「ただし○○の間に限り、○○とする」という一文を入れ、その例外的な状態を拡大解釈などによって恒常化するというものでした。（『日本はなぜ、「基地」と「原発」を止められないのか』矢部宏治／集英社インターナショナル）

V

戦争をしない国

慰霊の日（２０１１年）
（沖縄全戦没者追悼式・沖縄県糸満市）

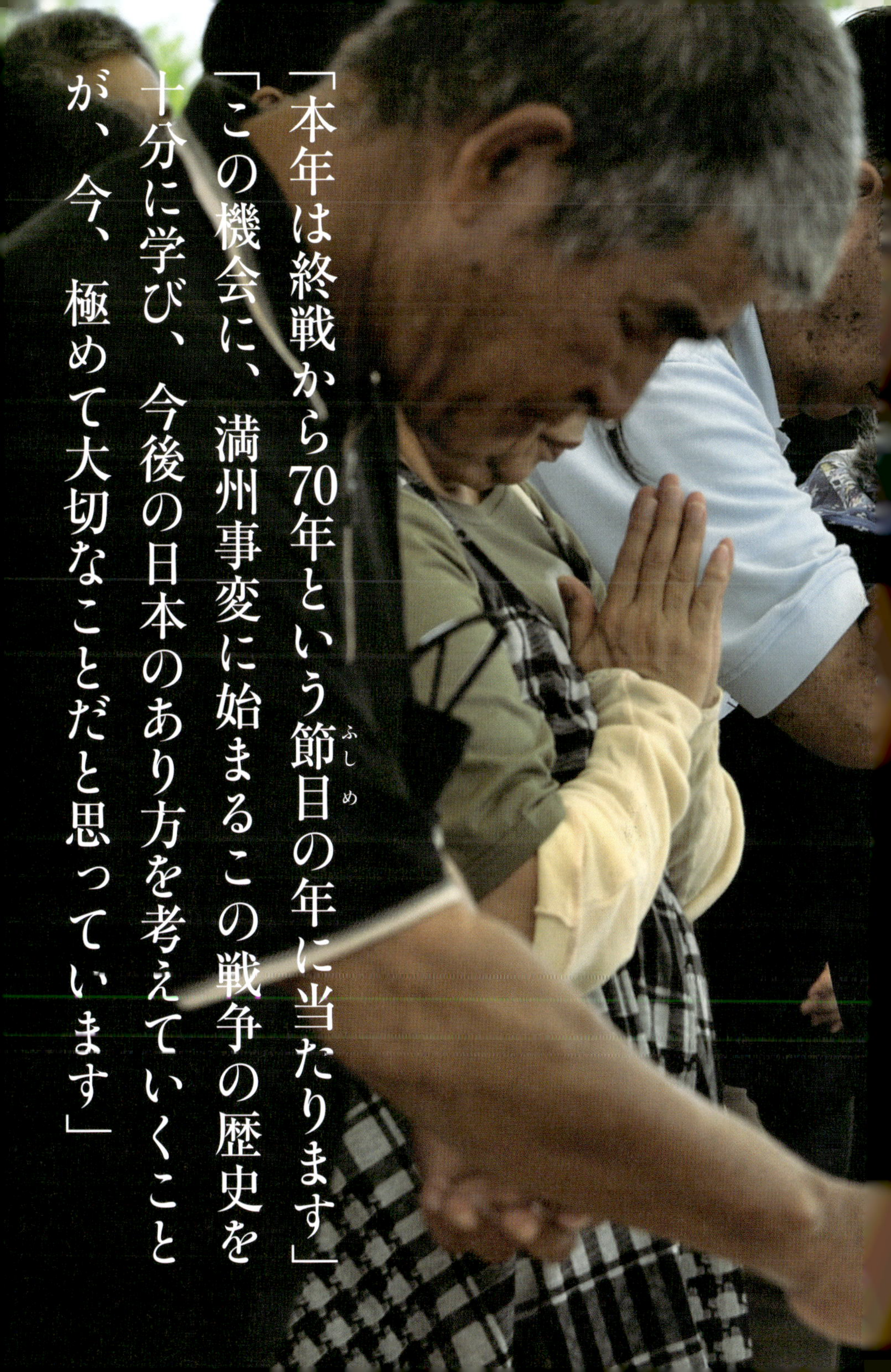
「本年は終戦から70年という節目《ふしめ》の年に当たります」
「この機会に、満州事変に始まるこの戦争の歴史を十分に学び、今後の日本のあり方を考えていくことが、今、極めて大切なことだと思っています」

「本年は終戦から70年という節目《ふしめ》の年に当たります。多くの人々が亡くなった戦争でした。各戦場で亡くなった人々、広島、長崎の原爆、東京を始めとする各都市の爆撃などにより亡くなった人々の数は誠に多いものでした。この機会に、満州事変に始まるこの戦争の歴史を十分に学び、今後の日本のあり方を考えていくことが、いま、極めて大切なことだと思っています」

――平成27年〔2015年〕1月1日／新年の感想

戦後日本とは、とにかく戦争だけはしない、それ一本でやってきた国でした。そのために、どんな矛盾にも目をつぶってきた。沖縄に配備されていた米軍の核兵器にも、本土の基地からベトナムやイラクに出撃する米軍の部隊にも、首都圏上空をおおう米軍専用の巨大な空域にも、ずっと見て見ぬふりをしてきたのです。

それもすべては、とにかく自分たちだけは戦争をしない、海外へ出かけていって人を殺したり殺されたりしない、ただそのためでした。戦後の日米関係の圧倒的な力の差を考えれば、その方針を完全な間違いだったということは、だれにもできないでしょう。ところがいま、その日本人最大の願いが安倍首相によって葬られ、自衛隊が海外派兵されようとしているのです。

こうしたとき何より重要なのは、右の明仁天皇の言葉にあるように、歴史をさかのぼり、事実にもとづいた議論をすることです。数え方にもよりますが、少なくとも半世紀のあいだ、私たち日本人はそういう根本的な議論をすることを避けつづけてきたのです。

右の文中で、明仁天皇がとくに「満州事変」という固有名詞を出している点に注意が必要です。あきらかにいま、その具体的な歴史に学ぶべきだと警鐘を鳴らしておられるのです。

ではその「満州事変」とは何か。それはひとことでいうと、海外に駐留する軍隊（関東軍）が、本国の指令を聞かずに暴走し、勝手な謀略（自分たちで南満洲鉄道の線路を爆破しながら、それを中国人による犯行としました）をめぐらして、海外の広大な領土（「満洲」／現在の中国・東北地方）を占領したという出来事です。

この無法な軍事行動を境に、日本は満洲国の建設、国際連盟の脱退、日中戦争、三国同盟、真珠湾攻撃と、破滅への坂道を転げ落ちていくことになったのです。

その過程で昭和天皇は軍部の暴走に対し、何度か、はっきり止めようとしています。しかし同時に、天皇以外は軍部にブレーキをかけられない大日本帝国憲法の法的構造の中で、昭和天皇がみずから大きなリスクを負ってまでは暴走を止めようとしなかったことも事実です。

前出の昭和史研究の第一人者、保阪正康氏がのべているように、[*1]

〈昭和天皇は好戦主義者ではなかったが、平和主義者だったということもできない。昭和天皇が何より大切にしていたのは『皇統《こうとう》（天皇制）の継続』で、それがあらゆる判断に優先した〉

というのが正確な評価だと私も思います。

では軍部が勝手な暴走を始めたときに、本当はそれにどうブレーキをかけるべきだったのか。その問題をまさにいま、私たちは考える必要があるのです。

＊1――2014年10月7日、日本記者クラブでの講演。

「この戦争による日本人の犠牲者は約３１０万人と言われています。前途に様々な夢を持って生きていた多くの人々が、若くして命を失ったことを思うと、本当に痛ましい限りです。

戦後、連合国軍の占領下にあった日本は、平和と民主主義を、守るべき大切なものとして、日本国憲法を作り、様々な改革を行って、今日の日本を築きました」

第二次大戦でアメリカ軍が上陸した海岸（沖縄県読谷村《よみたんそん》）

「80年の道のりを振り返って、（略）やはり最も印象に残っているのは先の戦争のことです。私が学齢に達した〔＝小学生になった〕ときには中国との戦争が始まっており、その翌年の12月8日から、中国のほかに新たに米国、英国、オランダとの戦争が始まりました。終戦を迎えたのは小学校の最後の年でした。

この戦争による日本人の犠牲者は約310万人と言われています。前途に様々な夢を持って生きていた多くの人々が、若くして命を失ったことを思うと、本当に痛ましい限りです。

戦後、連合国軍の占領下にあった日本は、平和と民主主義を、守るべき大切なものとして、日本国憲法を作り、様々な改革を行って、今日の日本を築きました。戦争で荒廃した国土を立て直し、かつ改善していくために当時の我が国の人々の払った努力に対し、深い感謝の気持ちを抱いています。また、当時の知日派の米国人の協力も忘れてはならないことと思います」

——平成25年〔2013年〕12月18日／80歳の誕生日会見

明仁天皇は平成元年（1989年）1月9日、即位後の朝見《ちょうけん》の儀《ぎ》で、「ここに皇位を継承するに当たり、（略）みなさんとともに日本国憲法を守り、これに従って責務を果たすこと」を誓いますと宣言されています。

それは右の言葉にもあるとおり、「平和と民主主義」を大切にする現在の日本国憲法を、自分は徹底して守っていくのだという強い決意の表明でした。

ここが明仁天皇と昭和天皇の最大のちがいであり、最終的に明仁天皇がたどりついた、新しい時代の天皇制の立脚点だといえるでしょう。

昭和天皇にも、立憲君主制のもとで「憲法を守る」という意識はあった。「国民と共にあること」も願っていた。それは事実です。

しかしその一方、戦前の憲法のもつ法的構造のなかで、国家の非常事態においては、自分はあらゆる制約を超えて行動することが許されるという認識を、昭和天皇がもっていたことも事実です。その非常事態とは、具体的には「三種の神器が守れなくなるような事態」、つまり天皇制が継続できなくなるような事態を意味していたということは、すでにのべたとおりです。

問題だったのは、それが戦後もつづいたことです。そのもっとも悪い例が、沖縄を半永久的に占領していてほしいという意向を裏ルートでGHQに伝えた「沖縄メッセージ」でした。[*1]

「日本はなぜ、第二次大戦を止められなかったのか」という巨大な問題について、ここで本格的に論じることはできませんが、ひとつは戦前の憲法では軍部が天皇に直属し、軍事に関して天皇がすべての権限[*2]をもつ立場にあった。そのため軍部が暴走を始めたとき、逆にブレーキをかけられるのが天皇ひとりしかいないという構造的な弱さがあったこと。

もうひとつは、あまり知られていないことですが、とくに満洲国建設から国際連盟脱退の過程で浮き彫りになる、日本の政治家や軍人たちの「国際法についての理解の欠如」[*3]があった。それは現在とまったく同じ、日本人が伝統的にもつ非常に大きな欠点なのです。

＊1―1947年9月19日、昭和天皇は米軍が沖縄や琉球列島のその他の島に、半永久的に駐留することを希望する私的なメッセージを、側近を通じてGHQに伝えました。(『分割された領土―もうひとつの戦後史』進藤榮一／岩波書店)

＊2―統帥権《とうすいけん》

＊3―満洲国建国の翌1933年2月から行なった「熱河《ねっか》作戦」が、国際連盟規約第15条に違反し、第16条によって日本が「すべての連盟国の敵」と見なされる可能性があることを、当初、軍部も政府もよくわかっていませんでした。この判断ミスが、国際連盟の脱退へとつながっていきました。(『満州事変から日中戦争へ』加藤陽子／岩波書店)

「なぜ、日本は特攻隊戦法をとらなければならないの」

浅瀬に沈むアメリカ軍の戦車(サイパン島)

第二次大戦も最末期になった、1945年8月2日のことです。当時、奥日光の湯元に疎開していた明仁皇太子は、戦況の見通しについて説明に来た陸軍中将・有末精三に対して、

「なぜ、日本は特攻隊戦法をとらなければならないの」

という質問をされています。

この会話を本に書いているのは、陸軍から学習院へ軍事教官（及び皇太子の軍事教育係）として派遣されていた高杉善治・元中佐ですので、まずまちがいのない事実だと考えてよいでしょう。

有末が戦況を説明した最後に「殿下、何かご質問はありませんか」と聞いたところ、実に自然に、ごく当然の質問だというふうに、そうたずねられたそうです。

このとき有末は、最初かなり困った顔をしたものの、すぐに気をとり直し、平然と次のように答えたといいます。

「特攻戦法というのは、日本人の性質によくかなっているものであり、また、物量を誇る敵に対しては、もっとも効果的な攻撃方法なのです」（『天皇明仁の昭和史』高杉善治／ワック）

その有末は戦後、GHQの諜報機関への情報提供者となり、戦犯指定をまぬがれて、平成4年、96歳まで生きのびることになりました。

若者に特攻を命じる一方で、自分たちは安全地帯にいて、占領終結後すぐに復活した高額の「軍人恩給」によって生涯安楽な生活を送った戦争指導者たち。その責任をしつこく調査・糾弾せず、結果として許してしまった国民たち。特攻は玉砕《ぎょくさい》や餓死《うえじに》と並んで、私た

ち日本人のもつ欠点が凝縮された、歴史上もっとも深刻に反省すべき出来事といえます。

戦争末期、海軍予備学生として旅順にいた私の父（矢部文治／当時19歳）は、1945年6月の出来事をこう書き残しています。

「沖縄の戦局は日に日に劣勢で、6月になるとついに全島が制圧されたことを知った。

そんなある日、一枚の紙がさりげなく全員に配られた。

〈あなたは特別攻撃隊が編成されたとき、これに志願することを、

(1) 熱望する

(2) 希望する

(3) 希望しない

以上いずれかに○をつけよ〉

アンケートはすぐに回収された。当時の情勢、雰囲気からいって、(3)はありえなかった。

私もやむなく(2)に○をつけたが、この○の意味は大きい。いわゆる特攻隊志願とは、おおむねこういう形のものだったと思う」（『本・三代』私家版／傍点筆者）

戦争に関する庶民の手記が教えてくれるのは、旧日本軍の指導者は「天皇」の名のもとに、驚くほど簡単に国民の命を奪うことができたという事実です。「一億玉砕」という国民全員を殺害するような「戦法」を、軍の「戦争指導班」が公的文書の中に表記していた過去をもつ日本。*1 それは純粋な自衛以外の戦争など、絶対にやってはいけない国なのです。

＊1―「〔1944年〕6月24日　来月上旬中にはサイパン守備隊は玉砕すべし。もはや希望ある戦争指導は遂行しえず。残るは一億玉砕による敵の戦意放棄をまつあるのみ」（『大本営陸軍部戦争指導班／機密戦争日誌』錦正社）

権力者に対し、こうした「狂気の政策（＝究極の人権侵害）」を実行させないために存在するのが憲法であるという近代国家の原点を、私たち日本人はもう一度、よく認識する必要があります。

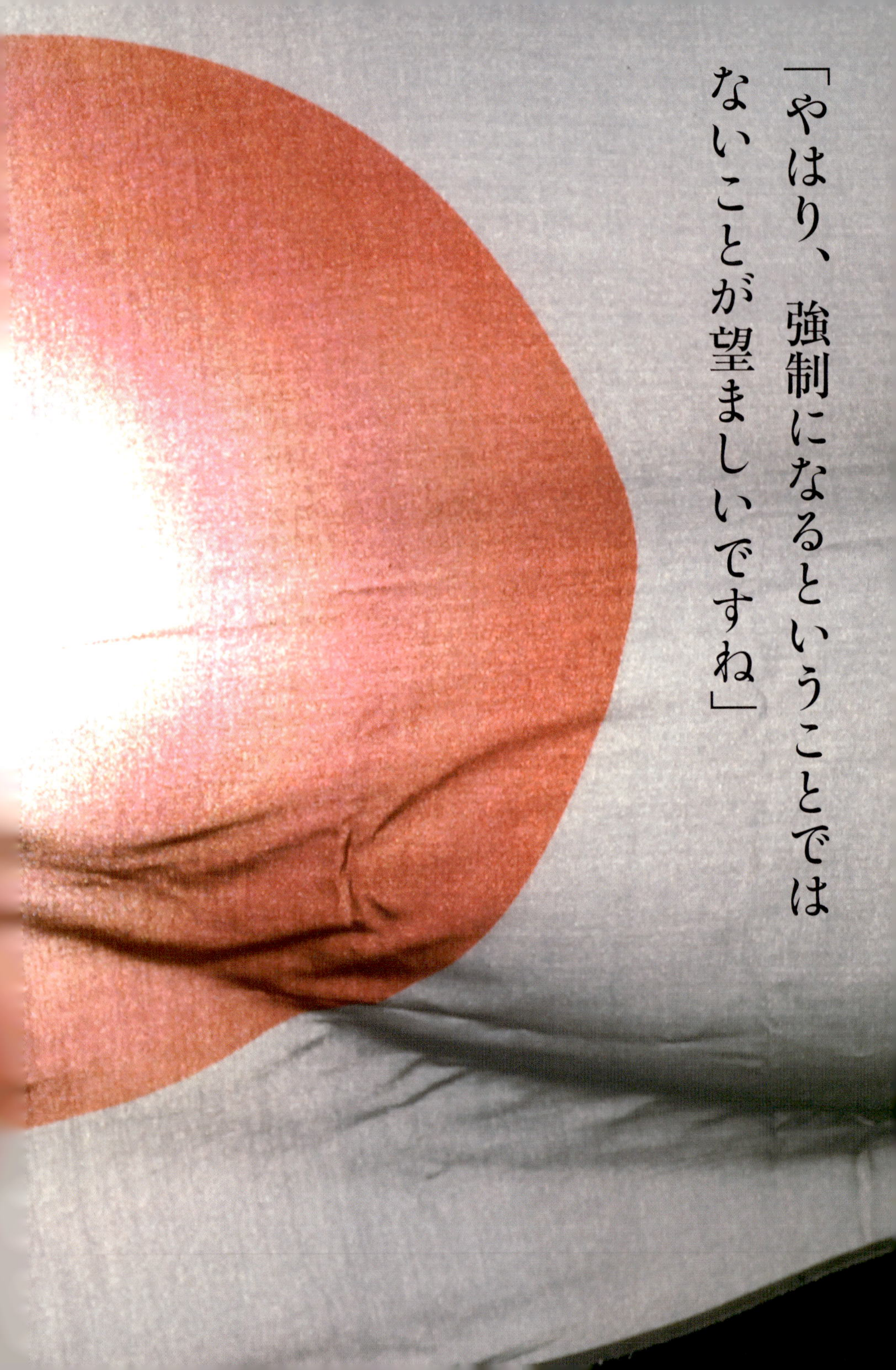

「やはり、強制になるということではないことが望ましいですね」

日の丸（東京都新宿区）

前ページは平成16年（2004年）の秋の園遊会における、明仁天皇の言葉です。当時、東京都教育委員をつとめていた元人気棋士《きし》の米長邦雄《よねながくにお》氏が、おそらく天皇からおほめの言葉をもらおうと思ったのでしょう、

「日本中の学校にですね、国旗をあげて国歌を斉唱《せいしょう》させるというのが、私の仕事でございます」

といったとき、こう返答されたのです。

天皇という権威をかかげて、国民に法的根拠のない義務を強制する。*1 そうした日本の社会や権力者のあり方が、戦前は多くの国民の命を奪うことになりました。その代表がすでにふれた特攻です。明仁天皇のこの言葉には、二度とそうしたことがあってはならないという強い決意がこめられています。

天皇制と民主主義は、そもそも矛盾するという根強い批判があります。人生のほとんどを出版界ですごしてきた私も、つい最近まで100%、そう考えていました。しかし沖縄の問題を調べ始めて、逆に考えが変わったのです。第2章の「ひめゆりの塔事件」を見てもわかるように、理論と現実というものは、人と人、思想と思想、感情と感情がぶつかりあう、ギリギリの局面において着地点を見いだすものだということがわかったからです。

だとすれば、天皇を愛する日本人の心と、人間は生まれたときから平等であるべきだという民主主義社会の理想は、どこに着地点を見いだすべきなのか。

私はそれこそが、この、

〈天皇という権威をかかげて、国民に法的根拠のない義務を強制することは絶対にしない〉

*1―1999年8月に成立した国旗国歌法をめぐる衆議院での質疑で、小渕首相（当時）は、
「国旗および国歌の強制についておたずねがありましたが、政府といたしましては、国旗・国歌の法制化に当たり、国旗の掲揚に関し義務づけなどを行うことは考えておりません。したがって、現行の運用に変更が生ずることにはならないと考えております」
と答弁していました。
（同年6月29日）

という明仁天皇自身の強い決意だと思います。天皇がまず、だれよりも率先して憲法を守るのだという立憲主義の精神です。

ただ、天皇自身があくまで日本国憲法を守るといっても、周囲には守りたくない人間たちが大勢いる。戦前と変わらず、天皇をかついで法的コントロールの枠外に出たいという人間がたくさんいるのです。

たとえば元衆議院議員で弁護士の辻恵《つじめぐむ》氏は、ある高等検察庁の検事長になった人物が、法務省はほかの省庁とくらべて認証官（天皇によって認証される官職）の数が多い、だから「自分たちこそは国家を担う、皇室の藩屛《はんぺい》（守り手）としての役割をはたさなければならない」と語っていたと証言しています。（シンポジウム「司法の闇に光を！」2013年6月1日）

ここにはすでに、検察官僚が天皇という権威をかかげて法的根拠のない権力を正当化しようとする、戦前型の天皇制への回帰があらわれています。

だから「国事行為」と呼ばれる政治との境界線にあるような公務は原則廃止したほうがいい。

明仁天皇自身、日本よりもさらに政治と距離をおき、国王に形式的な国事行為も認めないスウェーデンの憲法について言及されたことがありました。（平成17年〔2005年〕4月25日）

そうしたもっとライトな、王族が平気で自転車に乗って町で買い物をするような形の象徴君主制に変えていかないと、とくに皇太子妃に耐え難いほどの重圧がかかる現在のシステムは、今後、とうてい継続不可能なのではないでしょうか。

「沖縄の問題は、
日米両国政府の間で十分に話し合われ、
沖縄県民の幸せに配慮した解決の道が
開かれていくことを願っております」

辺野古で進む巨大米軍基地の建設（沖縄県名護市）

「沖縄の問題は、日米両国政府の間で十分に話し合われ、沖縄県民の幸せに配慮した解決の道が開かれていくことを願っております。沖縄は、先の大戦で地上戦が行われ、大きな被害を受けました。沖縄本島の島民の3分の1の人々が亡くなったと聞いています。さらに日本と連合国との平和条約が発効し、日本の占領期間が終わったあとも、20年間にわたって米国の施政権下にありました。

このような沖縄の歴史を深く認識することが、復帰に努力した沖縄の人々に対する本土の人々の務めであると思っています。戦後50年を経《へ》、戦争を遠い過去のものとしてとらえている人々が多くなった今日、沖縄を訪れる少しでも多くの人々が、さんご礁に囲まれた島と美しい海で大勢の人々の血が流された沖縄の歴史に思いを致すことを願っています」

――平成8年(1996年)12月19日/63歳の誕生日会見

右は1996年12月の誕生日会見での言葉ですが、長く侍従長をつとめた渡邉允《わたなべまこと》氏(当時、式部官長)によれば、冒頭の、

「沖縄の問題は、日米両国政府の間で十分に話し合われ、沖縄県民の幸せに配慮した解決の道が開かれていくことを願っております」

という部分は、その年の4月に来日したアメリカのクリントン大統領との会見で、まったく同じ言葉をのべられていたのだそうです。(『天皇家の執事―侍従長の十年半』文藝春秋)

渡邉氏はこの言葉について、

「お立場上、これはギリギリのご発言であり（略）解決の中身にまで踏み込んでおっしゃることはできませんでしたが、『沖縄県民の幸せに配慮した解決』というところに陛下のお気持ちがにじみ出ていたと思います。これをうかがって、〔クリントン〕大統領は『そのようにいたします』とお答えされていたと記憶しています」とのべています。

ここで語られている「沖縄の問題」とは、前年の少女暴行事件がきっかけで高まった米軍基地反対運動のなかで、象徴的な存在となっていた普天間基地の返還問題をさしています。

けれどもその後、「普天間基地の返還問題」は、いつのまにか「辺野古での巨大新基地建設問題」にすり替えられ、その問題が２０１０年には鳩山内閣を崩壊させ、現在でもますます深刻さを増していることは、みなさんもよくご存じのとおりです。

こうした「沖縄の問題」に一度でもきちんとふれると、その人の政治を理解する力〔リテラシー〕は飛躍的にアップします。それは本土では厳重に隠されている「身もふたもない真実」が、沖縄では日常生活の中で、だれの目にも見える形で展開されているからです。

ではその「身もふたもない真実」とは何か。たとえば昨年（２０１４年）、沖縄で自民党は県知事選でも衆議院選でも大敗を喫しました。いずれも辺野古での新基地建設を、ただひとつの争点として戦われた選挙です。しかし、それでも新基地建設の動きはまったくとまりません。

一方、本土でも、近年広く知られるようになったように、首都圏の上空は一都八県にわたって米軍に支配されており、日本の飛行機はそこを飛ぶことができない。

「いったい、なぜなんだ！」

蓮の花（岩手県・平泉）

「天皇は憲法にしたがってつとめを果たすという立場にあるので、憲法に関する論議については言《げん》をつつしみたいと思っています」

「〈戦後再発見〉双書」（創元社）という歴史シリーズを立ち上げ、過去4年間にわたって多くの研究者と共にその謎を解こうと努力してきましたが、わかってみると答えは非常に単純なものでした。次の短い条文のなかに、そうした謎を解くカギがすべて隠されていることがわかったのです。

●旧日米安保条約第1条（部分）

「〔米軍を〕日本国内およびその附近に配備する権利を、日本国は認め（grant）、アメリカ合衆国は受諾（accept）する」

重要なのは、この条文によってアメリカにあたえられた権利とは、日本に「基地を置く」権利ではなく、「軍隊を配備する」権利だということです。

つまり「米軍は日本の国土全域で、なんの制約も受けず、自由に軍事行動ができる」ということです。そうしたメチャクチャな条約を「日本側から希望して結んだ」という形になっている。それが日米安保の本質なのです。

私がこの驚くべき事実について自信をもってお話しできるのは、その実情についてくわしくのべたアメリカ側の公文書が存在するからです。

それは1957年、アイゼンハワー大統領への調査報告資料として日本のアメリカ大使館が作成したもので、だから絶対にウソがない内容のものなのですが、そこには、

「米軍は1952年の日本の独立後も、占領中に持っていた権利をすべて持ちつづけている」

「米軍は日本政府との協議なしに、日本国内で自由に行動することができる」

「米軍は日本政府の許可なく、自由に日本に出入国することができる」
「米軍は新しい基地の条件を決める権利も、現在の基地を使いつづける権利も持っている」
といった衝撃の事実が、赤裸々に報告されています。[*1]

さらにそうした米軍の特権は密約によって、1960年の安保改定後も変わらず維持されたことが、やはりアメリカの公文書からわかっています。[*2]

「健全な法治国家であること」と「外国軍に100パーセントの行動の自由を提供すること」。

この完全に矛盾する命題を共存させるため、1959年12月、戦後日本という国家においては「在日米軍の問題について憲法判断をしない」というルールが、日米合議のもと、最高裁で決定されてしまいます〔「砂川裁判最高裁判決」[*3]〕。その結果、日本国憲法は事実上その機能を停止し、現在の「法治国家崩壊」というべき状況がスタートしてしまったのです。[*4]

しかし、こうした憲法に関する問題だけは、明仁天皇の言葉に頼ることはできません。

「天皇は憲法にしたがってつとめを果たすという立場にあるので、憲法に関する論議については言《げん》をつつしみたいと思っています」（平成元年〔1989年〕8月4日／即位に際して）

ではいったいどうすれば、憲法を正しく機能させ、日本を健全な法治国家として再出発させることができるのか。それは私たちがみずから考え、行動する必要があるのです。

＊1―『日米「密約」外交と人民のたたかい―米解禁文書から見る安保体制の裏側』（新原昭治／新日本出版社）

＊2―岸政権の藤山外務大臣とマッカーサー駐日大使がサインした1960年1月6日の「基地権密約」（同前）

＊3―1959年12月に最高裁で出された「日米安全保障条約のように高度な政治性をもつ問題については憲法判断をしない」という内容の判決。2008年に国際問題研究者の新原昭治氏が発掘したアメリカの公文書によって、この判決が当時駐日大使だったダグラス・マッカーサー2世の強い誘導によって出されたことがあきらかになりました。（同前）

＊4―『検証・法治国家崩壊』（吉田敏浩・新原昭治・末浪靖司／創元社）参照

Ⅵ

美智子皇后と共に

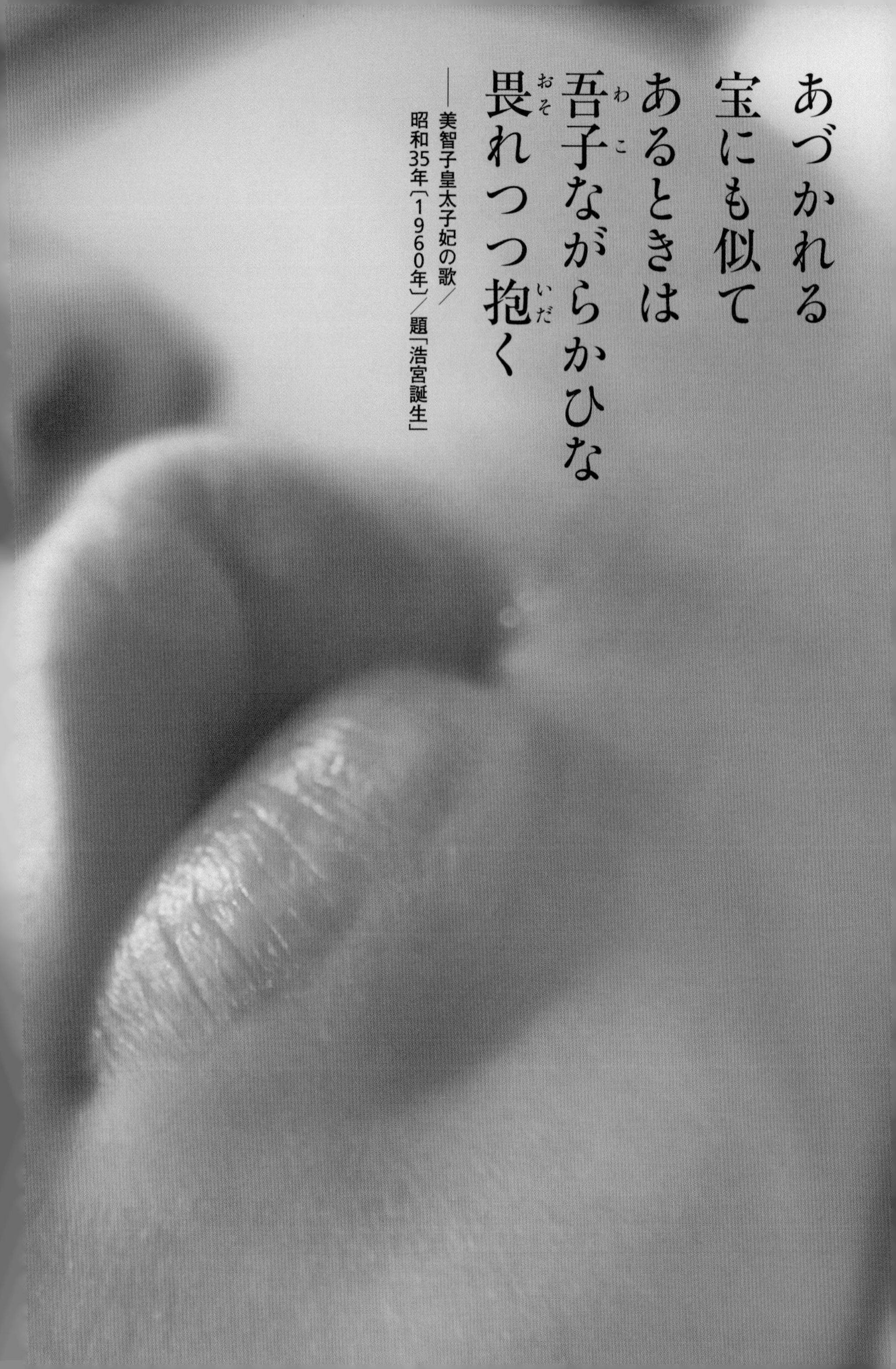

あづかれる
宝にも似て
あるときは
吾《わ》子《こ》ながらかひな
畏《おそ》れつつ抱《いだ》く

——美智子皇太子妃の歌／
昭和35年〔1960年〕／題「浩宮誕生」

眠っている赤ちゃん（千葉県鴨川市）

「天皇という立場にあることは、孤独とも思えるものですが、私は結婚により、私が大切にしたいと思うものを共に大切に思ってくれる伴侶《はんりょ》を得ました」
——平成25年〔2013年〕12月18日／80歳の誕生日会見

「皇后は結婚以来、つねに私の立場と務めを重んじ、また私生活においては、昭和天皇を始め、私の家族を大切にしつつ私に寄り添ってきてくれたことをうれしく思っています。（略）
私ども二人は育った環境も違い、とくに私は家庭生活をしてこなかったので、皇后の立場を十分に思いやることができず、加えて大勢の職員と共にする生活には戸惑うことも多かったと思います。しかし、何事も静かに受け入れ、私が皇太子として、また天皇として務めを果たしていく上に、大きな支えとなってくれました」
——平成21年〔2009年〕4月8日／結婚満50年の会見

あまり知られていないことですが、明仁皇太子（親王）が生まれたとき、昭和天皇はどうしても手元で育てたいと強く主張したそうです。ところが驚いたことに、西園寺公望《さいおんじきんもち》などの元老《げんろう》や側近たちにそれを拒否され、結局、3歳3カ月でとりあげられてしまった。なんとか主張して、ようやく週に一度、日曜日だけ皇居で会えるようにしてもらったのだといいます。

このエピソードだけを見ても、戦前の天皇制が「君主独裁制」などではなく、一種の「側近独裁制」（または「宮廷官僚独裁制」）だったことがわかります。

一方、明仁皇太子と美智子妃は、子どもの養育に関してだけは絶対に譲らず、最後まで自分たちの方針をつらぬき通しました。まず皇室史上初めて病院（皇居内の宮内庁病院）で出産し、住居である東宮仮御所のあった渋谷区から「母子手帳」ももらい、母乳不足にそなえる乳母《めのと》制度も廃止。昭和天皇も大正天皇もできなかった親子同居を実現しました。

さらにそれまでの慣習だった専任の養育係も置かず、自分たちで子どもを育て、ときには美智子妃がみずから台所に立って料理をつくり、夕食後は必ず一家団らんの時間をもつなど、できるかぎり家族水入らずで、一般家庭と同じような生活をつづけられたのです。

こうして家族との強い結びつきのなか、一般人と同じ感覚で暮らしつづけたことが、明仁天皇が「側近独裁制」に対する抵抗力を身につけた大きな理由だったと思います。

戦前の日本とは、ひとことでいえば「軍部が天皇をかついでメチャクチャなことをやった国」でした。昭和天皇は何度かそれを止めようとしますが、結局、最後まで抵抗することはできませんでした。頭脳明晰で意志も強かったはずの昭和天皇が、毎回土壇場《どたんば》で見せる不思議な弱さには、戦前までの天皇が「家族」という個人としての立脚点から切り離されて存在し、最終的には側近たちの意向に逆らえないという構造的な問題も影響していたのではないでしょうか。

史上初めて民間から皇室に入った美智子妃は、ご自身はただ、健全な常識にもとづいて行動されただけなのでしょうが、それは結果として皇室に「側近独裁制」からの防波堤をつくりだすという大きな改革をもたらすことになったのです。

「だれもが弱い自分というものを
恥ずかしく思いながら、
それでも絶望しないで生きている」

——美智子皇太子妃の言葉／昭和55年（1980年）10月18日／46歳の誕生日会見

虹（沖縄県東村《ひがしそん》）

「私は、人はひとりひとり自分の人生を生きているので、他人がそれを十分に理解したり、手助けしたりできない部分を芯《しん》にもって生活していると思うのでございますね。ですからそうした部分に立ち入るというのではなくて、そうやって皆が生きているのだという、そういう事実をいつも心にとめて人にお会いするようにしています。

だれもが弱い自分というものを恥ずかしく思いながら、それでも絶望しないで生きている。そうした姿をお互いに認めあいながら、なつかしみあい、励ましあっていくことができればと、そのように考えて人とお会いしています」

——美智子皇太子妃の言葉／昭和55年（1980年）10月18日／46歳の誕生日会見

本屋さんの店頭には、いつの時代も「人生をどう生きるか」「他人とどうつきあえばいいか」といったテーマの本が山積みになっています。私自身、これまで何冊も本を作ったことのある、人間にとって永遠のテーマなのです。

しかしそのなかでも、右の美智子妃の言葉ほど、奥深く、心にしみ、しかも実用的な教えを私は読んだことがありません。

すでにこの時点で、民間から皇室入りをされてから、20年のときがたっていました。「平民出身」の皇太子妃に対して、宮中の女性たちから起こった大きな反発と軋轢《あつれき》については、ここではご紹介いたしません。すでにふれた子育てと家庭生活における徹底的な「改革」と、その「つらぬき方」を見ると、そうした軋轢が、

「25年もけなげに〔孤独な道を〕お歩きになっていらした東宮〔＝皇太子〕さまのために、乏しい力の全部をあげて暖かいホームを作ろうと決心いたしました」（毎日新聞記者宛の手紙）

という美智子妃の決意を揺るがすものでなかったことは、あきらかだからです。

しかし、とくに子供の出産・養育についてはいっさい妥協をせず、新しいやり方をつらぬいていただけに、昭和38年（1963年）、第二子を流産されたときの悲しみと苦しみには、想像を絶するものがあります。このとき美智子妃は精神的な危機に直面し、葉山の御用邸で2カ月半の間、ひとりで静養されることになりました。

その後、美智子妃は大きな悲しみと苦しみのときをへて、少しずつ心の健康をとりもどしていかれましたが、その過程で、ハンセン病患者のケアをつづけていた神谷美恵子・津田塾大学教授[＊1]と出会い、新たな世界にふれたことの意味は大きかったようです。

「とりわけみずからが深い悲しみや苦しみを経験し、むしろそれゆえに、弱く、悲しむ人びとのかたわらに終生寄りそった何人かの人びとを知る機会をもったことは、私がその後の人生を生きる上の指針のひとつになったと思います」（平成16年〔2004年〕／70歳の誕生日会見）

明仁天皇と同じく美智子皇后もまた、深い闇と苦しみのときを体験した、か弱いひとりの人間であり、しかしそうした体験を糧《かて》として大きく成長し、「国民の苦しみに寄りそう」という新しい時代の皇室の行動原理をご夫妻で確立された方だということを、これらの言葉は教えてくれています。

＊1――精神科医。『こころの旅』（みすず書房）など、多くの著書があります。

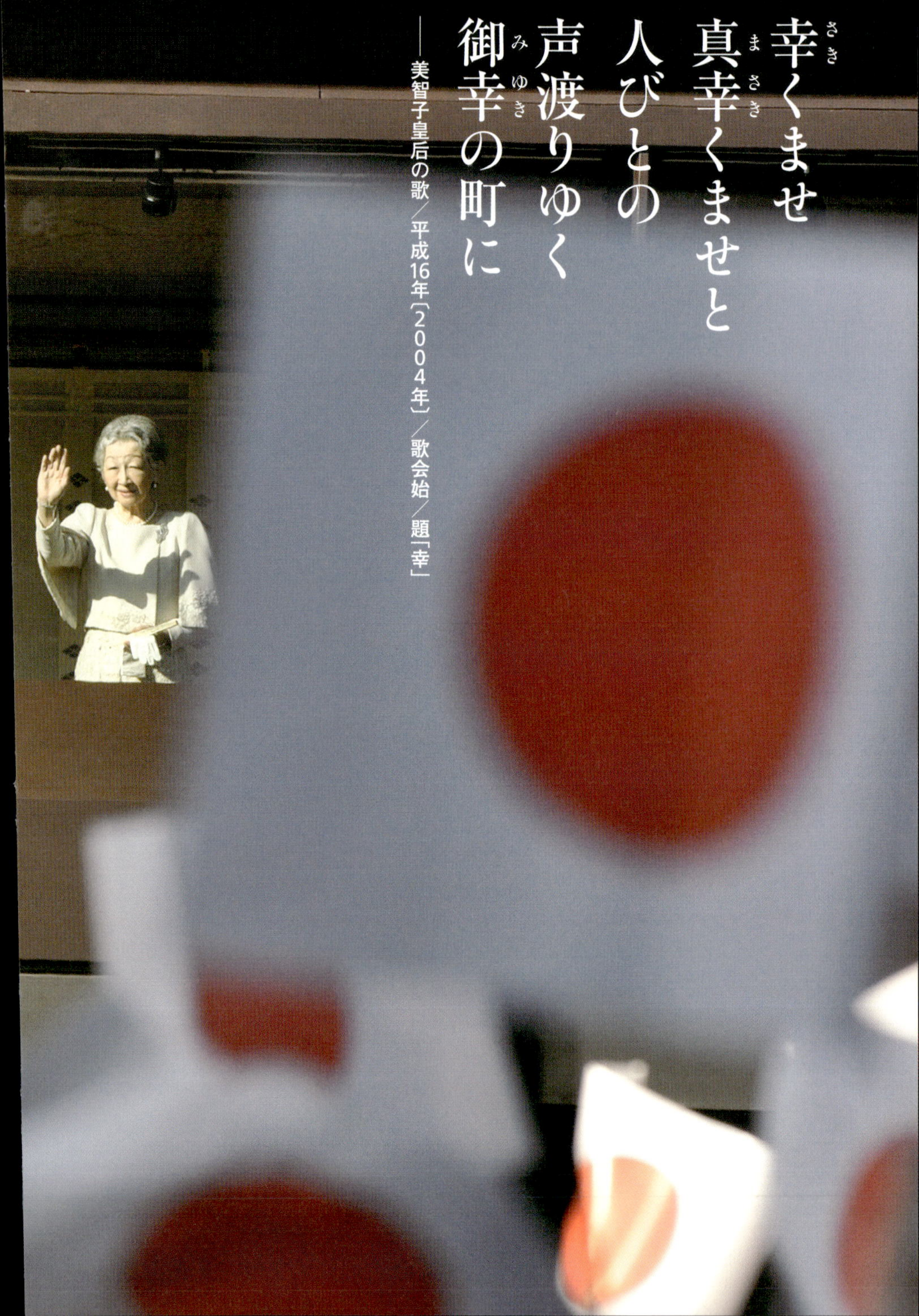

幸《さき》くませ
真幸《まさき》くませと
人びとの
声渡りゆく
御幸《みゆき》の町に

——美智子皇后の歌／平成16年〔2004年〕／歌会始／題「幸」

皇居での一般参賀（平成16年〔2004年〕1月2日）

「私は今でも、昭和34年のご成婚の日のお馬車の列で、沿道の人々から受けた温かい祝福を、感謝とともに思い返すことがよくあります。東宮妃《とうぐうひ》（=皇太子妃）として、あの日、民間から私を受け入れた皇室とその長い歴史に傷をつけてはならないという重い責任感とともに、あの同じ日に私の新しい旅立ちを祝福して見送ってくださった大勢の方々の期待を無にし、私もそこに生を得た庶民の歴史に傷を残してはならないという思いもまた、その後の歳月、私の中に、つねにあったと思います」

——美智子皇后の言葉／平成16年（2004年）10月／70歳の誕生日の文書回答

前ページは、49ページの歌と同じく、明仁天皇が平成15年（2003年）に天皇として47都道府県すべてを訪問し終えた、その翌年の歌《うた》会始《かいはじめ》での歌です。平成15年1月に前立腺がんの手術を受けた明仁天皇は、その年、北海道から鹿児島まで計12回の訪問を行ない、回復を祝う人びとからの大きな歓声に迎えられました。

しかし、この歌を耳にした人にとって、まっさきに目に浮かぶのは、おそらく「世紀のご成婚」といわれた1959年4月10日の馬車でのパレードの風景でしょう。その日は戦後日本にとっても、あるいはもっとも希望に満ちた幸せな一日だったかもしれません。

下の地図にあるように、皇居から渋谷区常盤松《ときわまつ》の東宮仮御所《とうぐうかりごしょ》まで、8・8キロ、50分のパレードでした。

ご成婚パレードのコース

つめかけた観衆は50万人以上といわれ、当時の映像を見ると、馬車と沿道の観衆の距離が驚くほど近い。カメラを首からぶら下げ、早くから並んで最前列に陣どった人たちは、ほんの数メートルの距離から、おふたりの笑顔がはっきりうつる写真をとることができました。

のちに文部大臣となる永井道雄氏は、このときの人びとの歓迎ぶりを評して、

「この国の将来は美智子妃にかかっている」とのべています。

その華麗なパレードの日から、すでに60年近くのときがたちました。

あらためて振り返ってみると、昭和という時代のちょうど真ん中で、突然巨大な責任を負うことになった正田美智子さんという24歳の女性が、その過酷な運命に真正面から立ち向かい、悩み、苦しみながら、人びとから受けた温かい祝福の声を支えに、だれもが想像した以上の贈り物を戦後日本という社会にもたらすことになった。その事実に率直な感動をおぼえます。

「私のめざす皇室観というものはありません。ただ、陛下のお側《そば》にあって、すべてを善《よ》かれと祈り続ける者でありたいと願っています」（平成6年〔1994年〕／60歳の誕生日の文書回答）

大きな矛盾を内側にかかえながらも、無数の人びとが、そのなかで楽しく幸せに、半世紀以上も安定した生活を送った戦後日本。その背後にはどれほど多くの人知れぬ、隠された努力や涙があったことでしょう。それは天皇、皇后のおふたりだけには、とどまりません。何億、何十億もの歴史に残らない無私の行ないの数々。その感謝の気持ちを胸に刻んで、私たちもまた、次の時代ができるだけ幸せなものであるように、それぞれの場で最善をつくしていきましょう。

初夏《はつなつ》の
光の中に
苗木《なえぎ》植《う》うる
この子供らに
戦《いくさ》あらすな

――美智子皇后の歌／
平成7年「1995年」／題「植樹祭」

昭和記念公園（東京都立川市）

あとがき

自分がなぜその本を書いたのか、という本当の理由は、いつも書き終わったあとでその答えが見つかるもののようです。

いま思えば、私がこの本を書こうと思った理由は、次のようなものでした。

私たち日本人が誇りにし、何より守りたいと思っている「戦争をしない国」（＝平和国家）という基本的な国のかたち。

それがなぜいま、安倍政権というたったひとつの政権によって破壊されようとしているのか。なぜその現実を前にしながら、圧倒的多数派であるはずの私たち「非戦派」は、勢力を結集してそれを押しもどすことができないのか。

その大きな疑問を解くために、これまで「平和国家・日本」に関してもっとも深い思索をめぐらしてこられた明仁天皇の言葉を、一度くわしくたどってみたいと思ったのです。

みなさんよくご存じのとおり、「平和国家・日本」の根幹である憲法9条の条文には、

（1項）戦争の放棄

（2項）すべての軍事力と交戦権の放棄[*1]

のふたつがあります。いまでは広く知られているように、右の2項内の「すべての軍事

＊1――正確には「軍事力の不保持」と「交戦権の否認」。

力の放棄」については、1952年の独立後、一度も守られたことがありませんでした。現在の自衛隊は世界第7位の軍事予算をもっていますし、国内に駐留する世界最強の同盟軍（米軍）は、日本政府の許可なく、いつでも自由に戦地に向けて出撃しています。

しかし、だからといって憲法9条がインチキだったといいたいわけではありません。そうではないのです。空文化した2項の矛盾は飲み込んだうえで、「憲法には指一本ふれるな」という明快な防衛ラインを設定し、なんとか1項の「戦争放棄」という理念だけは死守してきた。それが日本の戦後70年だった。その歴史は決して間違ってなかったといいたいのです。

けれども安倍政権の進める、米軍との密約に手をつけぬままでの集団的自衛権の行使容認は、9条2項だけでなく、1項も完全に空文化させるものです（くわしくはこのあとの「付録」を参照）。

簡単にいうと、日本はついに、平和憲法に指一本ふれぬまま、平和憲法を完全に葬ろうとしている。憲法についてなにひとつ議論しないまま、世界中でアメリカ軍の指揮のもと「戦争ができる国」（＝他国に先制攻撃を行なう国）になろうとしているのです。

いったいそれはなぜなのか。

日本はなぜ、「戦争」を止められないのか。

その究極の問題について、いま私たちは真正面から向き合い、議論する必要があります。そして私たち「非戦派」による、新たな議論にもとづいた、新しい「平和国家・日本」のかたちを見つけだす必要があるのです。

この本がそうした問題を考えるきっかけになることを、心から願っています。

［付録］世界はなぜ、戦争を止められないのか——

国連憲章と集団的自衛権

最後に付録として、私自身の考えを書いておきたいと思います。

お話ししたいのは、非常に大きな問題についてです。

日本も世界も二度の世界大戦をへて、永遠の平和を誓って戦後世界を歩み始めたはずです。

それなのになぜ、戦争がなくならないのか？

事実、過去70年のあいだ、海外ではずっと戦争が絶えず、日本もまさにいま、そうした戦争にみずから参加しようとしています。

いったいそれは、なぜなのか？

「私はその答えを知っています！」

そういうと、きっとみなさんは、こいつは頭が少しおかしいんじゃないかと思われるかもしれません。でも、たった5ページだけなので、どうか読んでみてください。

まず左ページ上の年表をご覧ください。これは「第二次大戦後の世界」の法的な枠組みを決定した、4つの非常に重要な取り決めです。この年表で私がどうしてもいいたいのは、この①から③の段階では、戦後世界は「個別国家の戦争は違法」という基本構想にもとづいてデザインされていたということです。

ひとつひとつの国は戦争をしてはならず、軍事的な紛争は基本的に4大国〔米英ソ中〕の軍隊を中心に組織された「国連軍」が解決するという構想になっていた。みなさんよくご存じの日本国憲法9条2項〔すべての軍事力と交戦権の放棄〕は、実はこの国連軍の構想を前提として書かれたものなのです。[*1]

ところがこの③と④のあいだ、なかでも1945年4月に大きな出来事がふたつ起こってしまうのです。ひとつは、そうした戦後世界の構想をソ連のスターリンとのあいだに信頼関係を築きながら引っ張ってきた、アメリカ大統領ルーズベルトが死去します。

もうひとつはアメリカが1942年から開発をつづけてきた原爆が、第二次大戦中に実戦〔対日戦〕で使用できるというめどが、この時期、完全についたことです。

世界一簡単な現代史年表

①大西洋憲章〔2カ国／米英／1941年8月〕
←
②連合国共同宣言〔26カ国／1942年1月〕
←
③ダンバートン・オークス提案〔国連憲章原案〕〔4カ国／米英ソ中／1944年10月〕
←
④国連憲章〔51カ国／1945年6月〕

おそらくこうした変化が要因となって、アメリカ国内におけるソ連との協調路線が勢いを失い、「個別国家の戦争は違法」「軍事紛争は4大国〔米英ソ中〕の軍隊を中心とした国連軍が解決する」という、それまでの戦後世界の構想が大きく変質することになってしまったのだと思います。

そしてまさにそのとき、そうした大きな方向転換を可能に

＊1―日本国憲法第9条
（1項）日本国民は、正義と秩序を基調とする国際平和を誠実に希求し、国権の発動たる戦争と、武力による威嚇又は武力の行使は、国際紛争を解決する手段としては、永久にこれを放棄する。
（2項）前項の目的を達するため、陸海空軍その他の戦力は、これを保持しない。国の交戦権は、これを認めない。

した条文こそが、いま問題となっている「集団的自衛権」（国連憲章第51条）なのです。
年表④の段階で突然、国連憲章に加えられるまで、世界のどこにも存在しなかったこの概念の本質は、簡単にいうと「個別国家の戦争は違法」という国連本来の理念を根底からくつがえすところにありました。なぜならそれは、本来、国連加盟国には許されないはずだった「独自の軍事同盟にもとづき、国連の許可なく戦争を始める権利」を認めてしまう条項だったからです。

この条項の実質的な作成者であるJ・F・ダレス（サンフランシスコ講和条約と旧日米安保条約の生みの親）は、集団的自衛権について1945年7月のアメリカ議会で、次のような内容をのべています。

〈軍事行動を国連安保理を通じて行なうか、独自の軍事同盟にもとづいて行なうかの決定は、そのときどきの国益に応じてアメリカが自由に選択することができます〉（一部要約[*2]）

これが国際法の権威だったダレスの考案した、国連憲章51条に隠された法的トリックでした[*3]。つまりこの条文によって、アメリカが独自の軍事同盟にもとづいて勝手に戦争をする権利が担保されてしまったわけです。そしてその結果、国連本来の理念と戦後世界の現実のあいだに、巨大なねじれが生じてしまうことになったのです。さらにいえば、国連本来の理念のもとに憲法9条をつくって戦後世界を歩み始めた日本の、その後の混乱と苦しみも、すべてここからスタートすることになったのです。

このダレスの法的トリックについては、日本国憲法の草案をつくったマッカーサーでさえ、よくわかっていませんでした。だからマッカーサーはあくまで「個別国家の戦争は違法」とする国連本来の理念にもとづいて、1946年2月に憲法9条を書いたわけです。

しかし、その後ダレスは、集団的自衛権にもとづく多くの軍事条約をソ連の周囲にはり

＊2―正確な発言は次の通りです。「安全保障理事会はアメリカの同意がなければ行動をとれないのであるから、西半球（アメリカ大陸）における行動をまず安全保障理事会を通してとるか、それとも安全保障理事会の行動に反対票を投じ、その結果として、必然的に行動を米州諸国の防衛条約に委ねられるようにするかといった決定は、実際のところアメリカが常任理事国であるという立場上、自由に選択できるものなのである」（1945年7月13日）（『アメリカ冷戦政策と国連 1945-1950』西崎文子／東京大学出版会）

＊3―国連憲章第51条の条文では「集団的自衛権の行使（=海外派兵）」には、「国連安保理が必要な措置をとるまでのあいだ」という限定がついています。だから

めぐらし、冷戦構造を固定化していきました。その中でも、もっともアメリカにとって都合のよい、事実上の占領継続条約だったのが、日米安保条約だったのです。

その結果、日本というひとつの国の中に、

「あらゆる軍事力を放棄した憲法9条2項」〔マッカーサー作〕と、

「人類史上最大の攻撃力をもち、日本から自由に出撃して戦争をする在日米軍」〔ダレス作〕

という巨大な矛盾が生みだされ、結局はそれが憲法を破壊してしまうことになりました。

サンフランシスコ講和条約と日米安保条約の交渉過程の記録を読んでいくと、在日米軍の駐留をなんとか国連の「ひとつの機能」として受け入れたいと考えていた外務官僚たちが、土壇場で次々と国連との関連性を否定され、呆然《ぼうぜん》とするシーンに出くわします。

つまり、ごくごく単純化していってしまえば、戦後、「二度と戦争をしない」ことを誓って憲法9条を書いて出発した日本は、米軍を一種の国連軍と思ってその駐留を許可したのです。

しかし、もちろん米軍は国連軍ではなかったし、それどころか、在日米軍に対して完全な治外法権を認めてしまった日本は、逆に国連本来の理念を真っ向から否定するダレスの世界戦略において、もっとも重要な役割をはたすことになったのです。

そうした世界史レベルの巨大な矛盾のなかにあって、とにかく「日本自身が集団的自衛権を行使すること〔＝海外派兵〕だけは、平和憲法があるから絶対に無理です」という形で、なんとか自衛隊の本格的な海外派兵だけは拒否してきた。それが戦後日本の本当の姿だったのです。

憲法をめぐる日本人の議論について、いま一番必要なのは、それを戦術論と本質論にき

一見、国連憲章の理念は守られているように見える。

しかし現実には、アメリカは自分が拒否権をもつ国連安保理のメンバーですので、独自の軍事同盟にもとづいて戦争をしたいときには、安保理が「必要な措置」をとらないよう自分で拒否権を行使すればいいということです。

この議会での発言はアメリカ大陸における防衛条約(チャプルテペック協定)についてのべたものですが、その後ダレスはこの考えにもとづく軍事同盟を世界中に拡大していきました。

＊4─集団的自衛権は本文中でのべたとおり、国連の許可なく戦争を始められるよう、ダレスが考え出した法的トリックでしたが、それでも国連憲章の条文には「国連の加盟国に対して武力攻撃が発生した場合」にかぎって、それが行使できるという厳重なしばりがか

ちんと分けて議論することだと思います。

人間の現実の暮らしを考えた場合、憲法の戦術論は本質論よりも、もちろんはるかに重要です。さまざまな矛盾を飲み込んだうえで、「憲法には指一本ふれるな」という明快な戦術をとり、日本の右傾化をくいとめてきた。憲法9条1項の精神だけは、ギリギリ死守してきた。その方針は基本的に正しかったと思いますし、そうした活動に参加してきた方々を私は心から尊敬しています。

しかし状況が根本的に変化したときは、一度本質論に立ち返って新しい戦術を立て直すしかないのです。「集団的自衛権」という名のもとで、アメリカの違法な戦争（＝先制攻撃ドクトリン[*4]）に加担することは、9条2項だけでなく、9条1項の完全な破壊です。そのための法制化が進むいま、9条本来の精神を守るためには、根本的な発想の転換が絶対に必要なのです。

くわしい議論は昨年書いた『日本はなぜ、「基地」と「原発」を止められないのか』（集英社インターナショナル）という本をお読みいただきたいのですが、

① 専守防衛、絶対に先制攻撃を行なわない最低限の軍事力はもつ
② 外国軍の駐留は認めない

このふたつを憲法に書き込む。そして機能停止状態に陥った憲法を機能させる。

これがゴールです。と同時に、「基地」や「原発」「戦争」など、さまざまな問題を解決するためのスタート地点です。

いくら困難でも私たち日本人は、必ずその場所にたどりつかなければならないのです。

けられています。

ところがアメリカは2002年9月に発表した「ブッシュ・ドクトリン」で、自分たちは国連決議なしに他国を先制攻撃できる権利をもっているという考えをあきらかにしました。

こうして国連の事実上の創設者であるアメリカが、いまや国連憲章の最大の破壊者となってしまったのです。このままでは、「有事には（＝戦争になったら）米軍の指揮下に入る」ことを密約で合意している自衛隊が、そうした無法な戦争に自動的に参加させられてしまうことは確実です。

（1952年7月と1954年2月、吉田茂首相による口頭での密約／古関彰一「日米会談で甦る30年前の密約（上）」『朝日ジャーナル』1981年5月22日号）

【参考文献】（本文中に記載のないもの）

「宮内庁ホームページ」／『新天皇家の自画像—記者会見全記録』薗部英一＝編（文藝春秋）／『明仁天皇と裕仁天皇』保阪正康（講談社）／『昭和陸軍の研究』保阪正康（朝日新聞社）／『昭和天皇実録　その表と裏①太平洋戦争の時代』保阪正康（毎日新聞社）／『ひめゆりの怨念火』知念功＝編（インパクト出版会）／『沖縄の戦禍を背負ひて—金城和信の生涯』殉國沖縄學徒顯彰會＝編（金城和信先生遺徳顕彰会）／『天皇たちの和歌』谷知子（角川学芸出版）／『天皇陛下の本心—25万字の「おことば」を読む』山本雅人（新潮社）／『核時代のマーシャル諸島』中原聖乃・竹峰誠一郎（凱風社）／『キリシタン時代の研究』高瀬弘一郎（岩波書店）／『密約—日米地位協定と米兵犯罪』吉田敏浩（毎日新聞社）／『本当は憲法より大切な「日米地位協定入門」』前泊博盛他（創元社）／『本土の人間は知らないが、沖縄の人はみんな知っていること』矢部宏治・須田慎太郎（書籍情報社）／ "Windows for the Crown Prince" Elizabeth Gray Vining (J.B.Lippincott Company)／「琉球新報」２０１５年４月１日「社説」／「琉歌四十首のノート」外間守善（『諸君』２００８年７月号）／「国連憲章第51条の成立過程から見た集団的自衛権の意味と同条約成立過程へのダレスの関わり（二）」肥田進（『名城法学』２０１４年　名城大学法学会）／「マーシャル諸島（ビキニ水爆実験）」（森住卓ホームページ）／『美智子さまのおことば』河原敏明（講談社文庫）

矢部宏治　やべ・こうじ

1960年、兵庫県生まれ。慶応大学文学部卒業後、（株）博報堂マーケティング部を経て、1987年より書籍情報社代表。著書に『本土の人間は知らないが、沖縄の人はみんな知っていること―沖縄・米軍基地観光ガイド』（書籍情報社）。共著に『本当は憲法より大切な「日米地位協定入門」』（創元社）。戦後日本の進むべき道を示した近著『日本はなぜ、「基地」と「原発」を止められないのか』（集英社インターナショナル）がベストセラーに。

須田慎太郎　すだ・しんたろう

1957年、千葉県生まれ。日本大学芸術学部写真学科卒。在学中から日本報道写真の先駆・三木淳氏に師事。86年日本写真協会新人賞受賞。05年〜07年、『ZOOM Japan』編集長。主な写真集に『駐日大使の素顔』（フォトルミエール）、『人間とは何か』（集英社）など。ノンフィクション作家・立花隆氏との共著に『エーゲ永遠回帰の海』（書籍情報社）。近著は、日光東照宮400年を記念した決定版写真集『日光東照宮』（集英社インターナショナル）。

ブックデザイン　鈴木成一デザイン室

戦争をしない国

明仁天皇メッセージ

2015年7月5日　初版第1刷発行

文　矢部宏治

写真　須田慎太郎

発行者　粂田昌志

発行所　株式会社小学館

〒101-8001　東京都千代田区一ツ橋2-3-1

編集03-3230-5801　販売03-5281-3555

印刷所　凸版印刷株式会社

製本所　牧製本印刷株式会社

ISBN978-4-09-389757-0